Walter Kreul/Michael Weber

Welthunger und Naturbewußtsein

D1719736

Walter Kreul/Michael Weber

Welthunger und Naturbewußtsein

EDITION INTERFROM

TEXTE + THESEN Sachbuch
Originalausgabe

Alle Rechte vorbehalten
© EDITION INTERFROM,
Zürich 1995
Vertrieb für die Bundesrepublik
Deutschland:
VERLAG A. FROMM, Osnabrück
Umschlaggestaltung:
Sylve Ehrnsberger
Gesamtherstellung:
Druck- und Verlagshaus FROMM
GmbH & Co. KG, Osnabrück

ISBN 3-7201-5263-4

Die Deutsche Bibliothek —
CIP-Einheitsaufnahme

Kreul, Walter:
Welthunger und Naturbewußtsein /
Walter Kreul; Michael Weber. —
Zürich: Edition Interfrom;
Osnabrück: Fromm, 1995
(Texte + Thesen; 263)
ISBN 3-7201-5263-4
NE: Weber, Michael; GT

Inhalt

Vorwort

Überbevölkerung, Hunger und Umweltzerstörung gehören zu den brisanten Themen unserer Zeit. Die Länder der sogenannten Dritten Welt sind davon besonders betroffen. Am meisten diskutiert und lamentiert wird darüber aber in den westlichen Industriestaaten, also dort, wo man selbst noch nicht allzustark von den Gefahren berührt ist, sie im wesentlichen abstrakt behandeln kann. Ständig werden von deren Bewohnern Unrechtsbewußtsein, Büßerhaltung und Trauerarbeit gefordert: Seien es hungernde Straßenkinder in Brasilien, Wirbelstürme in Bangladesch, Überschwemmungen in Indien, Tote bei Bürgerkriegen und Stammesfehden in Afrika oder abgeholzte tropische Wälder. Der Literaturkritiker Marcel Reich-Ranicki hat dies an Beispielen aus der Tier- und Pflanzenwelt sarkastisch-ironisch auf den Punkt gebracht: „Unentwegt wird von uns erwartet, daß wir den Untergang von irgend etwas betrauern sollen. Da sterben die Robben, dort die Seehunde, in Italien verkümmern die Pinien und die Zypressen, im Bodensee gibt es keine Forellen mehr und in der Elbe keine Flundern, in Indien keine Elefanten und im Kongo keine Leoparden — oder umgekehrt." Ohne viel Phantasie aufbringen zu müssen, könnte man diese

Reihe auf allen möglichen anderen Gebieten belie-
big fortsetzen.

Nun müßte man schon äußerst wohlstandsver-
dummt sein, wenn man behaupten wollte, all dies
seien keine wirklichen Gefährdungen, die einen
obendrein nichts angingen. Im Gegenteil, auch für
uns, die wir — alles in allem betrachtet — auf einer
„Insel der Glückseligen" leben, kann sich einiges
zum Schlechteren wenden. Nur wird die ganze Pro-
blematik, in Deutschland zumal, in einer pseudo-
akademischen Weise zerredet, wird anmaßend für alles und jedes auf dieser Welt Verantwortung rekla-
miert und auf falsche Art dramatisiert, daß es auf
weite Strecken nur noch lächerlich wirkt und Spott
und Widerrede nachgerade herausfordert.

Bevölkerungsentwicklung und Nahrungsmittelversorgung werden in den westlichen Industriegesellschaften, Japan eingeschlossen, im Grunde unter
völlig anderen Vorzeichen erlebt als in den meisten
Ländern Asiens, Afrikas und Südamerikas. Stagnie-
ren bei uns die Einwohnerzahlen und ist in der landwirtschaftlichen Erzeugung ein Stand erreicht, der
nur noch die Verwertung der nicht absetzbaren
Überschüsse im Auge zu haben scheint, so hat sich
die Situation in vielen Ländern der übrigen Welt genau umgekehrt. Hoher Einwohnerzuwachs geht
dort mit nicht genügend steigender, teilweise sogar
rückläufiger Nahrungsmittelproduktion einher.
Oder, um es anders auszudrücken: Während sich die
Bewohner der Industriestaaten auf wenige Nachkommen bei verhältnismäßig hohem materiellen Lebensstandard eingestellt haben, entscheidet man sich

in den armen Ländern aus traditionellen, religiösen, kulturellen oder ökonomischen Gründen nach wie vor für viele Kinder. Dabei wird aber offensichtlich immer schneller ein Punkt erreicht, der eine katastrophale Wende in der Menschheitsgeschichte einleiten könnte. Wo dieser Punkt liegt, ob bei 10, 15 oder gar erst bei 20 Milliarden Erdenbewohnern, ist eine sich stets neu stellende Frage. Wie die Antwort darauf ausfällt, hängt unter anderem vom technischen Fortschritt, vom Organisationstalent und von der Anpassungsfähigkeit der Menschen ab.

Sicher hat es zu allen Zeiten Hunger gegeben, meist als Folge von Kriegen oder Naturkatastrophen. Vieles wird überzeichnet, wenn sich irgendwo auf der Welt Schlimmes ereignet. Schlechte Nachrichten verkaufen sich bekanntlich besser als der Normalzustand. Zudem trägt eine weltweit agierende Mitleidsindustrie dazu bei, Hunger und Armut in den Mittelpunkt zu rücken, und dies nicht in jedem Fall zum Vorteil der Betroffenen. Die betrüblichen Begleitumstände und Folgen von gutgemeinten Hilfsaktionen in Hungerregionen sind bekannt. Trotzdem muß sich der Norden — nicht zuletzt im wohlverstandenen Eigeninteresse — seiner Verantwortung für den Süden stellen. Dies kann allerdings nicht nach fernsehspektakulären Schwerpunkten geschehen, sondern muß wirkliche Hilfe zur Selbsthilfe sein.

„Der Leser", so resümiert in ihrem Aufsatz *Literatur als Therapie* die österreichische Schriftstellerin Elfriede Gerstl, „zieht aus Literatur den Nutzen, der ihm gemäß ist und zu dem er imstande ist. Der Belehrbare wird belehrt, der Engagierwillige in seinem Engagement bestärkt, der Spötter genießt den Spott, der Weinerliche die Weinerlichkeit." Es ist ein Anliegen dieses Bandes, der Diskussion über Bevölkerungsexplosion, Umweltzerstörung, Hunger und Armut etwas von ihrer Wehleidigkeit, von ihrer Hysterie zu nehmen und zur Versachlichung beizutragen. Der Leser ist eingeladen, sich an dieser Sachdiskussion zu beteiligen.

München, im Herbst 1994

Walter Kreul/Michael Weber

Mehr „Umweltschwätzer" als Umweltschützer!

Die um sich greifende Zerstörung der Umwelt, die zunehmende Übervölkerung und Verarmung der Dritten Welt dienen weiten Kreisen unserer Wohlstandsgesellschaft hauptsächlich zur Selbstprofilierung: Politiker, Gewerkschaftsfunktionäre, Kirchenleute, Intellektuelle, Publizisten, also der praktischen Berufs- und Arbeitswelt eher ferne Stände, führen das Wort. Nicht wenige innerhalb der genannten Gruppen leiten ihre Daseinsberechtigung von der Beschäftigung mit diesen Themen ab. Bei aller Sorge, die manche der Protagonisten bewegen mag, gewinnt man den Eindruck, daß die Probleme oft nur wegen ihres hohen Streit- und Öffentlichkeitswertes auf der Tagesordnung stehen. Offenbar geht es weniger um den Versuch, zu deren Lösung beizutragen, als sie für eigene Propagandazwecke auszuschlachten. So wurden etwa die einschlägigen Materialien, die heutzutage alle möglichen Institutionen zu Fragen der Umwelt und der Dritten Welt unters Volk bringen, schon wegen ihres beträchtlichen Rohstoffverbrauchs längst selbst zu einer Quelle für Umweltverschmutzung. Die vielfältigen (und kostspieligen) Tagungen, Seminare, Workshops, Reisen etc., von zahlreichen Umwelt- und Dritte-Welt-Organisationen veranstaltet, runden

das von „Betroffenheitskult" (Cora Stephan) geprägte Bild ab. „Betroffen daherreden, jedoch möglichst unbetroffen leben!", so lautet das Motto jener,
die sich, ohne ihren persönlichen Lebensstil groß zu
ändern, ein ökologisches Alibi sozusagen herbei-
schwadronieren wollen. Während Untergangsszena-
rien die Debatten bestimmen, lassen nur die wenigsten Menschen dem Erkannten die kausale Therapie
folgen.

„Vollmundig, aber tatenarm", so könnte man in
Abwandlung eines Ausspruchs von Friedrich Höl-
derlin das übliche Verhalten charakterisieren. Diese
Vollmundigkeit beruht zu einem nicht geringen Teil
darauf, daß in den Industrieländern konkrete All-
tagserfahrungen über Umweltbelastungen und Ein-
sichten in die Dritte-Welt-Problematik weitgehend
fehlen. Ulrich Beck spricht hier von „Erfahrungslosigkeit", und zwar in dem Sinne, daß sich etwa nu-
kleare oder chemische Verseuchungen, Schadstoffe
in Nahrungsmitteln, Zivilisationskrankheiten etc.
meist dem unmittelbaren Wahrnehmungsvermögen
der Menschen entziehen. Sie bedürfen, um sichtbar
gemacht zu werden, in der Regel der Untersu-
chungsorgane der Wissenschaft.

Die Information über nationale wie globale ökologische Gefährdungen findet im wesentlichen über
die Medien statt, kommt also aus zweiter Hand. Das
sophistische Diskutiergehabe der „Palaver-Intelli-
genz" (Heinz-Dietrich Ortlieb) ist auf diese relative
Erfahrungslosigkeit zurückzuführen. Denn wer die
Wirklichkeit nicht oder nur ungenügend kennt,
braucht seiner Phantasie keine Zügel anzulegen. Da-

bei sollte man jedoch keinesfalls glauben, daß die beredten und redseligen Diskutanten, nur weil sie zu komplexen Formulierungen fähig sind, entsprechend subtile Analysen und Lösungsvorschläge aufzuweisen hätten. Bei näherem Hinsehen entpuppt sich vieles als nutzloses Umwelt- und Dritte-Welt-Geschwätz, in den weniger harmlosen Fällen als pure Panikmache. Die wirklichen Probleme und Risiken werden durch die Wortkaskaden eher verschleiert, als daß sie in ihrer Dramatik sichtbar würden.

Dies trifft auch auf die staatlichen Umweltgesetze, -verordnungen, -regelungen und -vorschriften zu, deren alles überwucherndes Dickicht ständig vergrößert wird. Nur Experten können den Überblick behalten. Das ist nicht nur ordnungspolitisch bedenklich, sondern trägt wenig dazu bei, die Bevölkerung für den Umweltgedanken zu gewinnen. „Non multa, sed multum", diese alte lateinische Spruchweisheit müßte aber insbesondere für die Umweltschutzgesetzgebung gelten, wobei es für Deutschland ohnehin kennzeichnend ist, daß einem überproportionalen Gesetzesaufwand meist eine unzureichende Exekutive zur Überwachung und Durchführung der gesetzten Regeln gegenübersteht.

An dieser wenig befriedigenden Situation wird sich wahrscheinlich erst dann etwas ändern, wenn unsere Parlamente aufhören, ihre Arbeitsleistung an der Zahl der eingebrachten und verabschiedeten Gesetzesvorlagen zu messen. Also selbst hier Umweltgeschwätz, und sei es in Form von zu vielen zu ausführlich beschriebenen Gesetzesblättern. Auch die

Tatsache, daß sich im Bereich des Umweltschutzes im Laufe der Zeit eine Vielzahl von Behörden gebildet hat, widerspricht dieser Feststellung grundsätzlich nicht. Zum einen überschneiden sich deren Aufgabenbereiche häufig, sie leisten somit unnötige Doppelarbeit und stiften Verwirrung, zum anderen leiden sie ebenfalls unter der Gesetzes- und Regelungsflut, sind sie zuvörderst mit deren Bewältigung und weniger mit praktischer Arbeit zur Lösung der Umweltprobleme beschäftigt. Bleibt nur zu hoffen, daß die mittlerweile sogar auf Landkreis- und Gemeindeebene eingesetzten Umweltbeauftragten den Aufgaben und deren Bewältigung etwas näher kommen als die „übergeordneten" Behörden.

Nun könnte man einwenden, die bloße Beschäftigung mit Fragen der Umwelt und der Dritten Welt, selbst wenn es übertrieben wird und nicht immer von allzu großer Fach- und Sachkenntnis geprägt ist, sei in jedem Falle begrüßenswert. Das Ganze sei schließlich gutgemeint und weise die Menschen stetig auf das Ausmaß der Gefahren hin. Aber wie so oft bedeutet auch hier gutgemeint nicht schon gut. Denn eine solche Dauerdiskussion kann, wenn sie denn nicht wirklich auf für den Normalbürger nachvollziehbaren Tatsachen beruht und ihr wirksame Schritte folgen, um die Übel abzustellen, genau das Gegenteil dessen bewirken, was man beabsichtigt: Das Interesse der Bürger verflüchtigt sich. Ein typisches Beispiel dafür ist die „Waldsterbensdiskussion". Diese erlahmende Aufmerksamkeit ist an und für sich schon schlimm genug. Aber fataler wirkt sich aus, daß die Menschen durch das Umweltgeschwätz das Gefühl vermittelt bekommen, es handele sich um Probleme, die auf einer semantischen, sozusagen übergeordneten Ebene lägen und nur dort zu bewältigen seien.

Zwar kann der einzelne kaum etwas gegen die drohende Übervölkerung von Teilen der Dritten Welt tun, aber er ist sehr wohl imstande, durch sein tägliches Arbeits- und Freizeitverhalten dazu beizutragen, Natur und Umwelt zu schonen.

An dem schwindenden Interesse vieler Menschen an Umwelt- und Dritte-Welt-Fragen sind, so paradox das klingen mag, gerade die ganz besonders kompromißlosen „Ökologen" schuld. Der Politikwissenschaftler Armin Mohler macht deutlich, daß diese zwar wirkliche Schwachstellen erkannt hätten, „aber sie scheinen in diese Probleme so verliebt zu sein, daß sie sie in eine Sphäre hineinmythologisieren, in der sie von vornherein jedem Lösungsversuch entzogen sind. Sie haben eine Wahnwelt geschaffen, in welcher der Mensch zwischen zwei Absoluta erdrückt wird: hinter sich das Paradies, das er sträflicherweise verlassen hat — vor sich den Abgrund, dem er nicht entkommen wird."

Nicht zu übersehen ist, daß die Debatten zur Übervölkerung und Zerstörung unserer Erde vorwiegend von politisch links stehenden Zeitgenossen geführt werden. Seit einigen Jahren haben sie die Umwelt-, Entwicklungs- und Überlebensprobleme der Dritten Welt zu ihren besonderen Anliegen gemacht. Das ist kein Zufall, denn nach der Auflösung und dem Untergang des Sozialismus in seinen ehemaligen Stammländern mußte man notgedrungen auf Themensuche gehen — und ist bei der Not der Entwicklungsländer fündig geworden. Wenn es dabei in erster Linie um eine Anklage der „kapitalistischen" Industrieländer geht, entspricht dies ihrer Grundhaltung. Es muß die linke Szene schwer treffen, daß nach den ökologischen Verwüstungen, die der Kommunismus hinterlassen hat, sich nun ausgerechnet der „kapitalistische Westen" der Umweltaltlasten annimmt.

Trotz ihres unbestrittenen Engagements scheinen manche Linke die Natur- und Umweltgefährdungen sowie die Sorgen der Menschen in der Dritten Welt als ein Vehikel zur Durchsetzung ihrer politischen Vorstellungen zu benutzen. Offenbar geht es nicht wenigen von ihnen darum, die sozialistische Idee in den Ländern des Südens zu konservieren, mit dem Hintergedanken, sie irgendwann für die Erste Welt wieder salonfähig zu machen. Den linken Intellektuellen, so Klaus W. Wippermann, ist weniger an Maßnahmen zu effektiver, pragmatischer Hilfe für die Entwicklungsländer gelegen. Wichtiger sei ihnen, die Dritte Welt als Forum zu erhalten, „von dem aus die Tradition sozialrevolutionärer Ideologie dieses Jahrhunderts in das nächste hinübergerettet werden kann. Der gerade erlebte Bankrott soll mit einer raschen Firmenneugründung vergessen gemacht werden. Politiker und Intellektuelle können sich auf diesem Themenfeld ohne große Mühen im Namen der Gerechtigkeit profilieren — und sie werden das auch tun."

Wie es um die Natur in jenen Ländern bestellt ist, in denen sich Sozialismus und Kommunismus jahrzehntelang austoben durften, ist bekannt und braucht nicht erörtert zu werden. Getrost übergehen kann man auch den Einwand, die Länder des „realen Sozialismus" seien in Wahrheit nie richtig sozialistisch gewesen. Als unfähig erwiesen habe sich hingegen, so wird uneinsichtig gefolgert, allein der Kapitalismus, der — im Gegensatz zum „wahren Sozialismus" — die Umweltzerstörung und den Niedergang der Dritten Welt, vor allem Schwarzafrikas, nicht aufhalten könne und wolle, vielmehr diesen Untergang für seine Selbsterhaltung geradezu brauche und deshalb bewußt einkalkuliere.

Der Sozialismus hat aber nicht nur die natürliche Umwelt verkommen lassen, sondern eine noch gravierendere geistige „Verschmutzung" in den Köpfen bewirkt. Denken und Handeln werden von dieser Ideologie in beträchtliche Unordnung gebracht. Dies zeigt sich in aller Schärfe dort, wo die wirtschaftlichen, ökologischen und moralischen Trümmer der sozialistischen Herrschaft zu beseitigen sind und ein Umdenken wie Umlenken dringend notwendig ist.

Einige Linke sind schließlich für das Kreuzzüglertum und den Fundamentalismus in der ökologischen Bewegung verantwortlich zu machen. Die von ihnen demonstrierte moralische Überlegenheit macht sie blind dafür, daß die Probleme im bestehenden politischen System behoben werden können und müssen. Daß ihre wirklichkeitsfremde, utopische Alternative, die sich auf diese (scheinbare) moralische Überlegenheit gründet, wie die meisten Utopien totalitäre Züge aufweist, erkennen sie wahrscheinlich selber nicht. Auf jeden Fall wurden dadurch bei vielen Mitbürgern die überlebenswichtigen Themen Bevölkerungsexplosion, Hunger und Naturzerstörung in Mißkredit gebracht. Daß es zu dem einseitigen und deshalb insgesamt gesehen schädlichen linken Meinungsmonopol überhaupt kommen konnte, muß zu einem Gutteil den konservativen und liberalen Kräften unserer Gesellschaft angelastet werden. Sie haben versäumt, diese zukunftentscheidende Thematik rechtzeitig und sachbezogen in ihre politischen Überlegungen und in den demokratischen Diskurs einzubringen.

Zu erinnern ist daran, daß die im besten Sinne konservativen Kräfte unserer Gesellschaft schon immer Schützer der Natur waren. So hat Friedrich Georg Jünger, der 1977 verstorbene Bruder Ernst Jüngers, mit seinem 1939 verfaßten, aber wegen der Wirren des Zweiten Weltkriegs erst 1946 erschienenen Groß-Essay „Die Perfektion der Technik" die geistige Grundlage für die heutige Umweltdiskussion gelegt. Zur Landbewirtschaftung, die im besonderen Blickpunkt des Naturbewahrers steht, sagt er unter anderem folgendes: „Es sind sehr einfache Gesetze, die hier außer acht gelassen werden; wir müssen sie in Erinnerung bringen. Der Mensch, der Pflanzen anbaut, zieht und züchtet, der Mensch, der sich mit Tieren befaßt, kann dieses Geschäft nur gedeihlich betreiben, wenn er auf das Gedeihen seiner Schutzbefohlenen achtet. Nur wenn er ein Mehrer und Pfleger ist, wird seine Tätigkeit einen ersprießlichen Fortgang nehmen. Er darf weder seine Wälder abholzen noch seine Herden abschlachten. Er darf nicht auf eine einseitige und gewaltsame Weise seinen Nutzen und Vorteil suchen, denn hier waltet eine Gegenseitigkeit, die tief und nicht ohne Innigkeit ist. Die Erde erträgt den Menschen nicht, der sie nur nutzt und verbraucht, und sehr bald verweigert sie ihm ihre Hilfe ... Ein Irrtum des Homo faber ist es, wenn er glaubt, daß die Natur auf seine ihr aufgezwungenen Arbeitsverfahren sich nur leidend verhält; sie beantwortet die Zerstörung und trifft den Urheber mit derselben Kraft, welche die Verletzung hatte."

Prophetische Worte in der Tat, wenn es zutrifft, daß ein Großteil der Naturkatastrophen der vergangenen Jahre auf gewaltsame Eingriffe in die Umwelt, etwa in Form großräumiger Abholzungen, Überweidung und Vergiftungen, zurückzuführen ist. Friedrich Georg Jünger hatte bereits zu einem Zeitpunkt das entscheidende Kapitel unserer Zeit erkannt, als sich kaum jemand für die Thematik interessierte, geschweige denn eine Gefahr in der übermäßigen Nutzung von Natur und Umwelt sah. Seine Thesen stießen damals in der von großer Not und später von Wachstumseuphorie geprägten Gesellschaft überwiegend auf Ablehnung oder wurden aus Gleichgültigkeit überhört.

Aber auch die Väter unserer sozialen Marktwirtschaft waren „grüne Denker". Der Agrarsoziologe Franz Kromka weist darauf hin, daß diese Gründerväter nicht nur mit den engeren Problemen des Wirtschaftens befaßt waren, sondern darüber hinaus die ökologischen Auswirkungen ökonomischen Handelns im Auge hatten. Sie machten deutlich, daß zwar die Menschen früherer Epochen ihre natürlichen Voraussetzungen ebenfalls gefährdeten, die gegenwärtigen Natureingriffe jedoch unvergleichbare, weil gewaltige Dimensionen angenommen haben. Jeder, der in seinem Umkreis selbst erlebt hat, wie in wenigen Jahren ganze Landstriche zubetoniert wurden, kann diese Aussage nachempfinden. Die Gründerväter der Bundesrepublik haben jedenfalls den „geradezu pseudoreligiösen Glauben an die Technik als den Schrittmacher und Gradmesser des Fortschritts" (Wilhelm Röpke) mit Nachdruck abgelehnt und einer Gesellschaftsordnung das Wort geredet, die — vor allem in der Produktion materieller Güter — von „Maß und Mitte", so der Titel einer Schrift von Wilhelm Röpke, geprägt ist.

Es ist mit ein Ziel dieses Bandes, die Umwelt- und Dritte-Welt-Problematik zu einem echten Anliegen großer Bevölkerungsschichten zu machen, ohne in Hysterie zu verfallen und ohne falsches Mitleid mit wirklichem Mitleiden zu verwechseln. Daß die Bemühungen zur Lösung der Aufgaben wegen ihrer Dringlichkeit und Sprengkraft von einer „breiten Mitte" getragen werden, müßte allen politischen und gesellschaftlichen Parteiungen und Gruppen ein Anliegen sein.

Die Dritte Welt und wir

Die Dritte-Welt-Diskussion ist ähnlich wie die eng mit ihr verknüpfte Debatte über Bevölkerungszunahme, Umweltzerstörung und Ressourcenmißbrauch ideologisiert: Dem „bösen" kapitalistischen Norden steht demnach ein „guter", aber ausgebeuteter Süden gegenüber. Schuld an dieser Sichtweise tragen vorwiegend jene, die Siegfried Kohlhammer in seinem bemerkenswerten Buch *Auf Kosten der Dritten Welt?* als „edle Seelen" und „good-doers" beschreibt — und als die falschen Freunde der Dritten Welt entlarvt. Diese falschen Freunde können sich die Dritte Welt nur in der Rolle des Opfers der Ersten Welt vorstellen. Als selbsternannte Retter des Südens klagen sie stetig Buße und Unrechtsbewußtsein sowie vermehrte Entwicklungsgelder ein. Es geht ihnen in ihrer Büßerhaltung und in ihrem Menschheitsbeglückungswahn aber letzten Endes nicht um das Wohl der Dritten Welt, sondern um das eigene Seelenheil — übrigens in Unkenntnis des Luther-Worts „Gute fromme Werke machen nimmermehr einen frommen guten Mann, sondern ein guter frommer Mann macht gute fromme Werke...."! Daß sie dieses Seelenheil auf Kosten ihrer Mitbürger erkaufen wollen — staatliche Entwicklungshilfe wird aus Steuergeldern finanziert —, scheint ihr von

Edelmut triefendes Weltbild ebenfalls nicht übermäßig durcheinanderzubringen, macht sie aber noch fragwürdiger.

Wenn die so vehement geforderten Entwicklungsgelder obendrein bisher zu einem Gutteil den „kleptokratischen Eliten" der Dritten Welt zugeflossen sind, die für Rückständigkeit, Hunger und Armut in ihren Ländern ein hohes Maß an Schuld auf sich geladen haben, dann sind dafür zuvörderst wiederum die „edlen Seelen" verantwortlich zu machen, die, vernebelt von ihrem neurotischen Helfersyndrom, nicht zwischen Unterdrückern und Unterdrückten zu unterscheiden vermögen. Jene, die in der Diskussion über Entwicklungshilfe und Dritte Welt besonders penetrant und, muß man leider hinzufügen, meinungsbildend wirken, entpuppen sich somit nicht „als Freunde der Dritten Welt, sondern als Freunde der Tyrannen der Dritten Welt" (Jean-François Revel).

Eher Mythos denn Wirklichkeit ist auch die der Ausbeutungstheorie mehr oder weniger entgegengesetzte Idee von der „Einen Welt". Es ist einer von vielen dem Komplex innewohnenden Widersprüchen, „daß die Vorstellung der ‚Dritten Welt' fast zur gleichen Zeit entstand, als die Idee der ‚Einen Welt' intensiver denn je erlebt und energischer gefordert wurde. Die Gründung der Vereinten Nationen (UNO) war das große Symbol für den Weg zur Einheit in der gemeinsamen Verantwortung für unsere Welt. Wie ein provokatorischer Akt saust da der Begriff der Dritten Welt in das Forum von Hoffnungen herab und spaltet die Welt in drei Teile oder weist doch überdeutlich darauf hin, daß sie ... aus Bereichen zusammengesetzt ist, die miteinander stärkstens kontrastieren" (Rudolf Wendorff).

Trotz der großen Unterschiede sowie der häufig gegenteiligen Interessenlagen zwischen den Erdteilen und den Völkern sollte aus dem Mythos der „Einen Welt" ein reales Ziel werden, das zu erreichen das Bestreben aller sein müßte. Daß der industrialisierte Westen, materiell wie ideell, bisher mehr als die übrige Welt getan hat, um diesem Ziel näherzukommen, steht außer Zweifel.

Die durch Überbevölkerung, Umweltzerstörung, Nahrungsmangel und Armut entstehenden Probleme sind zu gewaltig und drängend, als daß die Entwicklungsländer allein mit ihnen fertig würden. Der Norden ist daher mit seinem Kapital, seiner Technik und seinen Ideen weiterhin gefordert, der Dritten Welt zu helfen. Allerdings muß diese Zusammenarbeit in Zukunft von mehr Ehrlichkeit und Offenheit geprägt sein. So muß der These von der Alleinschuld des Nordens an der Zerstörung unseres Planeten und am Elend der Entwicklungsländer aufklärend und mit Nachdruck entgegengetreten werden. Die (falschen) entwicklungspolitischen Vorstellungen von vermeintlichen Wohltätern, also von Dritte-Welt-Schwätzern, sind an den Pranger zu stellen und zu bekämpfen. Denn daß deren, so noch einmal Siegfried Kohlhammer, „Unmittelbarkeitshuberei und dummdreiste moralische Arroganz mehr Unheil anrichten können als die brummigste Indifferenz, dafür gibt es zahlreiche Beispiele. Sie stellen aber zugleich auch eine Verletzung individueller

Rechte dar: eine moralische Belästigung (moral harassment). Da müssen alle Argumente schweigen ... und da scheint jedes Gegrabsche in die moralische Intimsphäre des anderen erlaubt. Man sollte etwas dagegen tun — rein verbal natürlich: keine Gewalt!" Im Sinne dieses Zitats sollen in den folgenden Abschnitten einige die Dritte und Erste Welt gleichermaßen betreffende Problemkreise wie Bevölkerungsexplosion, Nahrungsmittelversorgung, Reduzierung der Waldbestände, Entwicklungszusammenarbeit sowie Energie- und Ressourcenverbrauch aufgegriffen werden, um Antworten zu suchen sowie Erläuterungen und Denkanstöße zu geben.

Schnappt die Bevölkerungsfalle zu?

Es gibt seit Jahren wohl kaum einen abgedroscheneren Disput als den über Bevölkerungswachstum und Überbevölkerung. In für den Tag geschriebenen Leitartikeln, in aufgeblähten „Thesenpapieren" und in gewichtigen, zukunftweisenden Büchern, ebenso auf Kongressen, Workshops und Symposien mit aus allen Himmelsrichtungen angereisten Teilnehmern wird darüber gefachsimpelt und philosophiert: Vom deklamatorischen Sonntagsredner über den selbsternannten Experten bis hin zum ernstzunehmenden Wissenschaftler reicht der Reigen derer, die sich um das Thema bemühen. Der vorläufige Höhepunkt der vielfältigen, um den Zuwachs der Weltbevölkerung und dessen Auswirkungen sich drehenden Aktivitäten stellte die in Kairo im Herbst 1994 von den Vereinten Nationen veranstaltete „Internationale Konferenz über Bevölkerung und Entwicklung" (ICPD) dar, eine Einrichtung, die im Abstand von zehn Jahren als sogenannte Weltbevölkerungskonferenz auf die Bevölkerungsproblematik aufmerksam machen will und nach Lösungsansätzen sucht.

All dies ist, wie es scheint, von wenig Erfolg gekrönt. Denn nach einem Bericht der Vereinten Nationen zur Entwicklung der Menschheit wird bis zum Jahre 2050 mit einem Anwachsen der Weltbevölkerung auf rund 10 Milliarden gerechnet, vorausgesetzt, die Fertilitätsrate geht überall weiter zurück. Sollte dies nicht der Fall sein, so erhöhte sich die Zahl auf zirka 12,5 Milliarden. Das ist mehr als eine Verdoppelung gegenüber dem jetzigen Stand von zirka 5,7 Milliarden. Dieser Bevölkerungszuwachs, im Durchschnitt wird er pro Jahr bis zu 100 Millionen Menschen betragen, vollzieht sich zu über 90 Prozent in den Ländern der Dritten Welt. Daß damit die Bevölkerungsfalle zuschnappen könnte, wird am deutlichsten, wenn man sich die enger werdenden Verhältnisse zwischen Mensch und landwirtschaftlicher Nutzfläche vor Augen führt.

Nach Berechnungen von Experten der Food and Agriculture Organization of the United Nations (FAO) in Rom haben die derzeit rund vier Milliarden Bewohner der Dritten Welt, das sind gut drei Viertel der gesamten Menschheit, nur etwa 42 Prozent der landwirtschaftlichen Nutzfläche zur Verfügung. Pro Kopf der Bevölkerung der Entwicklungsländer entspricht das etwa 0,7 Hektar. Damit ist bereits jetzt je

Einwohner nur knapp halb soviel Fläche vorhanden wie bei den Bewohnern des entwickelten Teils der Welt mit etwa 1,6 Hektar. Wie diese Relationen im Jahre 2050 aussehen mögen, wenn die Dritte Welt, wie prognostiziert, von mehr als doppelt so vielen Menschen bewohnt ist, kann jedermann leicht nachvollziehen. Zu berücksichtigen ist ferner, daß es sich dabei überwiegend um tropische und subtropische Gebiete handelt, die für die landwirtschaftliche Erzeugung gegenüber unserer Klimazone zwar Vorteile — etwa zwei- oder sogar dreifache Ernten pro Jahr —, aber auch beträchtliche Nachteile aufweisen. Beispielsweise sind tropische Böden, wenn sie anhaltend fruchtbar sein sollen, aus verschiedenen Gründen, so wegen stärkerer Sonneneinstrahlung, heftigeren Regenfällen und wesentlich aktiveren Bodenlebens, erheblich schwieriger zu handhaben als Böden in den gemäßigten Breiten.

Die Debatte über die bedrohliche Bevölkerungsentwicklung ist jedoch, ungeachtet ihrer Internationalität, nach wie vor fast ausschließlich auf die Erste Welt beschränkt. Während der Norden über den Bevölkerungszuwachs besorgt diskutiert, wird dieser, überspitzt ausgedrückt, im Süden — scheinbar unbesorgt — produziert.

Dabei ergibt sich das auf den ersten Blick widersprüchliche Bild, daß man sich im relativ reichen Norden den Nachwuchs gerade aus ökonomischen Gründen immer weniger leisten mag, während in der Dritten Welt, wo wirklich die Armut grassiert, der Kindersegen ungebrochen anhält. Hier gilt es insofern zu differenzieren, als im „reichen" Norden Kinder in der Tat mittlerweile ziemlich teuer zu stehen kommen. Jedes mit einem mittleren oder sogar nur unterem Einkommen ausgestattete, aber mit mehreren Kindern gesegnete Elternpaar, das eine Mietwohnung in einem deutschen Ballungsgebiet zu zahlen hat, kann ein Lied davon singen. Demgegenüber tendieren die „Grenzkosten" für zusätzliche Kinder in der Dritten Welt bezüglich Wohnung, Kleidung, Schule und Ausbildung, bei natürlich wesentlich niedrigeren Ansprüchen, gegen Null; sie liegen auf jeden Fall unter dem „Grenznutzen", den sich die Eltern erwarten. Selbstverständlich bekommen die Menschen dort wie überall auf der Welt noch aus anderen als nur aus ökonomischen Gründen Kinder — sie gelten als ideeller Reichtum, als ein Geschenk Gottes, oder man empfängt sie einfach aus Freude.

Vielen Bewohnern der nördlichen Industrieländer werden Kinder und deren Erziehung nicht nur aufgrund steigender Kosten zunehmend lästiger: Ein mehr und mehr um sich greifender Individualismus, die Sucht nach größtmöglicher Selbstverwirklichung sowie Selbsterfüllung ohne Verpflichtung und die aus einem verklemmten Umgang mit Autorität entstandene Abneigung, für Kinder Vorbildfunktionen zu übernehmen, haben zu den rückläufigen Geburtenzahlen in der Ersten Welt beigetragen. Gepaart ist diese Einstellung mit der Tendenz, zwar Hunde und Kanarienvögel zu hätscheln, sich Kindern gegenüber aber ablehnend zu verhalten.

Im Diskurs über die Bevölkerungsproblematik können, auf eine knappe Formel gebracht, zwei gegensätzliche Grundhaltungen unterschieden werden: Während die eine Seite meint, eine Verringerung der Armut in der Dritten Welt brächte, wie man das ja in der Ersten Welt im Verlaufe der Jahrhunderte beobachten konnte, auch eine Verringerung des Zuwachses an Menschen mit sich, beharrt die andere Seite darauf, daß nur durch weniger Menschen die Armut mit der Zeit ihr alles erdrückendes Gewicht verlöre oder, anders ausgedrückt, ein (allmählicher) Sieg über die Armut nur mit einer Politik konsequent kontrollierten Bevölkerungswachstums zu erreichen sei.

Bei den Verfechtern des zuletzt genannten Standpunkts sieht sich die römisch-katholische Kirche unter Papst Johannes Paul II. häufig scharfer Kritik ausgesetzt. Die Kirche, so wird argumentiert, verhalte sich wegen ihrer Ablehnung von (künstlicher) Empfängnisverhütung und Abtreibung verantwortungslos und müsse somit als mitschuldig an der Überbevölkerung gelten. Diese Ansicht erstaunt um so mehr, als offenkundig der Einfluß der Kirchen — nicht nur der römisch-katholischen — auf ihre Anhänger nachweislich zurückgeht, ausgerechnet beim Fortpflanzungsverhalten aber angeblich ungebrochen erhalten geblieben ist. Auch wird übersehen, daß in vielen afrikanischen und asiatischen Ländern mit besonders hohen Bevölkerungszuwachsraten der Anteil der Katholiken gering bzw. gleich Null ist. Man denke hier nur an das mit mittlerweile zirka 120 Millionen Menschen bevölkerte Bangladesch, wo der Islam Staatsreligion ist und fast 90 Prozent der Einwohner Moslems sind. Die Ansichten und politische Durchsetzungskraft islamischer Fundamentalisten sind jedenfalls ein realeres Hindernis für Familienplanung und Geburtenkontrolle, als es der Papst und die christlichen Kirchen je sein könnten.

Viele Menschen in der Dritten Welt, das kann ohne Übertreibung festgestellt werden, dürften ohnehin weder von der Existenz der römisch-katholischen Kirche noch des Papstes wissen, geschweige denn, daß sie auf deren Postulate hörten. Abgesehen davon beginnt sich der kirchliche Standpunkt in diesen Fragen ohnehin zu ändern. So wird in einer Studie der (katholischen) Deutschen Bischofskonferenz aus dem Jahre 1993 betont, daß Fragen der Empfängnisregelung nicht tabuisiert werden dürften und die Kirche bei der Familienplanung auf niemanden Druck ausübe. In der 1994 erschienenen Schrift der Evangelischen Kirche in Deutschland (EKD) *Wie viele Menschen trägt die Erde?* wird hervorgehoben, daß es eine weitgehende Übereinstimmung mit den Empfehlungen der katholischen Bischöfe zu Bevölkerungswachstum und Entwicklungsförderung gibt. Kontrovers sowohl zwischen wie innerhalb der Kirchen sind jedoch nach wie vor die Ansichten über die Wahl der Verhütungsmethoden. Nach evangelischer Position ist die Unterscheidung zwischen natürlicher und künstlicher Empfängnisverhütung nicht sachgemäß.

Mindestens so kontrovers und vielschichtig ist der umgekehrte Standpunkt einzustufen, wonach die Armut als Hauptgrund für die hohen Kinderzahlen in der Dritten Welt zu gelten habe. Während sich die einzelnen Familien mit Kinderreichtum gegen die Armut absichern wollen, entsteht, wenn die Gesellschaften wirtschaftlich nichts mit den zusätzlichen Menschen anzufangen wissen, weitere Armut, sowohl in den Familien wie in den Volkswirtschaften. Der bekannte Teufelskreis ist damit eingeleitet, ein Entkommen daraus erscheint so unmöglich wie die Quadratur des Kreises. Daß diese Armut in der Dritten Welt in erster Linie durch die Erste Welt verursacht würde, gehört zu den ständig wiederholten, deshalb aber nicht richtiger werdenden Anklagen unserer Tage. Hinter all den Vorwürfen gegen die westlichen Industriegesellschaften, so Klaus Natorp, „steckt offenbar die Idee, in einer ‚Kultur des Teilens' ließen sich endlich jene umfangreichen Mittel mobilisieren, mit denen die Armut in der Dritten Welt besiegt und damit auch das Bevölkerungsproblem gelöst werden könne. Über so viel Naivität kann man nur staunen."

Daß das Bevölkerungswachstum in der Dritten Welt neben wirtschaftlichen auch erhebliche ökologische Probleme mit sich bringt, wird von Tag zu Tag offenkundiger. In vielen Entwicklungsländern nehmen Bodenzerstörung sowie Entwaldung und Gewässerverschmutzung zu. „Je mehr Menschen, desto größer ihr Einfluß auf die Umwelt", heißt es dazu lapidar in einem der jährlichen Berichte des Bevölkerungsfonds der Vereinten Nationen (UNFPA). „Viele", so noch einmal Klaus Natorp, „verschließen die Augen davor. Sie wollen nicht wahrhaben, daß die rasch wachsende Weltbevölkerung für die Erde allmählich zur unerträglichen Last wird."

Auch im Hinblick auf die Asylantenströme, die sich vor allem nach Europa bewegen, wollen das viele Menschen nicht wahrhaben: Während bei uns von einer breiten Öffentlichkeit die Flüchtlinge überwiegend als Opfer politischer Verfolgungen angesehen werden, führen internationale Organisationen wie die schon genannte UNFPA oder die Weltbank die Wanderungsbewegungen hauptsächlich auf Armut, Überbevölkerung und Umweltzerstörung zurück. So müssen etwa 1,1 Milliarden Bewohner von Entwicklungsländern mit einem Dollar und weniger pro Tag auskommen. Ungefähr die gleiche Anzahl von Menschen lebt jetzt schon in Gebieten, in denen Land, Nahrung, Wasser und Energie zusehends knapper werden. Ähnlich schätzt der Wissenschaftliche Beirat beim Bundesminister für wirtschaftliche Zusammenarbeit und Entwicklung (BMZ) die Lage ein. So stellte er 1989 warnend fest, daß „die Flüchtlingsproblematik vorwiegend auf der humanistischen Ebene behandelt wird, daß jedoch ihre politischen und wirtschaftlichen Dimensionen längst nicht die Aufmerksamkeit erfahren, die ihnen von ihrer Bedeutung her zukommt".

Es wäre schon einiges gewonnen, wenn man einsähe, daß die Ursachen für Armut und Überbevölkerung nicht so sehr beim Westen als vielmehr bei den Regierungen der Entwicklungsländer selbst zu suchen sind. Die Diskussion darüber, ob denn die Bevölkerungsexplosion in der Armut ihren Ursprung habe oder ob umgekehrt erst die vielen Menschen die Armut und zusehends mehr Umweltschädigungen hervorbringen, ist zweitrangig. Es gibt bei der Bekämpfung der Bevölkerungsexplosion kein Entweder-Oder, sondern nur ein Sowohl-als-Auch: Überbevölkerung und Armut müssen gleichrangig als Probleme erkannt und einer Lösung näher gebracht werden. „Gewiß ist es wichtig", heißt es dazu in einer Verlautbarung der Kommission der EU, „das Bevölkerungswachstum zu senken, aber ein Irrtum wäre es zu glauben, daß sich das Entwicklungsproblem hauptsächlich auf diese Weise lösen läßt."

Den (richtigen) Gedanken weiterverfolgend, nämlich daß Bevölkerungswachstum und Armut in ihrer Problemverbindung gleichzeitig anzugehen sind, soll noch einmal auf die „Kosten-Nutzen-Rechnung" beim Kinderkriegen eingegangen werden. Wenn in den Industriestaaten heutzutage die Grenzkosten für zusätzliche Nachkommen von einer großen Zahl von Eltern offensichtlich höher eingestuft werden als deren Grenznutzen — und man als Folge dieser Überlegung auf Kinder verzichtet —, so hängt das zweifellos mit dem Vorhandensein eines allgemeinen Altersrentensystems zusammen. Dies macht es dem einzelnen möglich, zumindest soweit die materielle Sicherung im Alter betroffen ist, wenige oder gar keine Kinder großzuziehen. Wäre das nicht ein Ansatz, der zur Begrenzung des Bevölkerungswachstums in der Dritten Welt beitragen könnte? Mit einer Rente im Alter, selbst wenn diese noch so bescheiden wäre, würde von vielen Eltern der Druck genommen, sich durch eine möglichst hohe Zahl von Kindern eine Sicherheit für die alten Tage schaffen zu müssen. Um zusätzliche Anreize für eine nicht staatlich gelenkte, sondern eigenständige Geburtenbegrenzung zu schaffen, müßte die

Rentenzuwendung in der Anfangsphase um so höher ausfallen, je weniger Kinder die Eltern gezeugt haben.

An einer solchen Regelung könnte sich der Westen guten Gewissens mit seiner Entwicklungshilfe beteiligen. Die bisherigen Bevölkerungsprogramme, einhergehend mit mehr oder weniger komplizierten Methoden zur Empfängnisverhütung, werden den Geruch von Zwangsmaßnahmen nicht los. Sie sind mit Kontrolle und nicht selten Überforderung der Frauen in der Dritten Welt verbunden, was mit ein Grund für ihre geringen Erfolge sein dürfte. Die Geburtenkontrolle, die mit der vorgeschlagenen Rentenregelung unausgesprochen verknüpft wäre, könnte bewußt den Eltern selbst überlassen bleiben. Wie Anthropologen häufig genug festgestellt haben, gibt es dafür in allen Gesellschaften traditionelle, praktikable Methoden, die durch moderne Bevölkerungsprogramme eher verschüttet als in ihrem Wert erkannt und gefördert werden. Wichtig ist hier freilich, daß die bedeutende Rolle der Frauen — nicht nur in diesem Zusammenhang — endlich anerkannt wird und zu einer verbesserten Stellung in Familie und Gesellschaft führt.

Hunger, Armut und nackte Not in Asien und Afrika treiben Hunderttausende zum Aufbruch in den Norden. Was wir heute erleben und mit größter Sorge betrachten, sind aber wahrscheinlich nur die Vorboten dessen, was durch die Bevölkerungsexplosion und Verarmung in der Dritten Welt in Zukunft noch zu erwarten ist. Der allzuhäufig mit moralisch erhobenem Zeigefinger gegebene Ratschlag, die

Völkerwanderung müsse dadurch gebremst werden, indem der Westen sozusagen die Hungerregionen in aller Welt saniert, ist eine Illusion. Seine Wirtschaftskraft reicht dazu bei weitem nicht aus. Außerdem stößt die Bereitschaft der westlichen Welt, immer mehr Geld für andere Erdteile auszugeben und Flüchtlinge aufzunehmen, verständlicherweise irgendwann an Grenzen.

Da aber die Alternative wohl kaum darin bestehen kann, einen unüberwindlichen Schutzwall, einen „neuen Limes" (Jean-Christophe Rufin), zwischen Erster und Dritter Welt aufzubauen, wird nichts anderes übrigbleiben, als den Entwicklungsländern weiterhin so gut wie möglich zu helfen. Patentrezepte gibt es dafür nicht. Dies ist mit die wichtigste Einsicht nach beinahe einem halben Jahrhundert Entwicklungszusammenarbeit zwischen Norden und Süden. Nachzudenken wäre aber darüber, ob westliche Hilfe nicht stärker davon abhängig gemacht werden sollte, wie erfolgreich die Länder der Dritten Welt mit ihren Bevölkerungsproblemen umgehen. Die erwähnte Altersrentenregelung, die unter den gegebenen Umständen natürlich nicht übermäßig üppig ausfiele, könnte dabei eine wichtige, weil steuernde Funktion übernehmen. Daß bei allen Maßnahmen die Menschenrechte — und ein Menschenrecht ist das auf Fortpflanzung — nicht außer acht gelassen werden sollten, versteht sich nach dem westlichen Wertekanon von selbst. Zudem gilt für alle Menschen: Kinder tragen die Zukunft!

Bekommt Malthus doch noch recht?

Den in vielerlei Hinsicht gesättigten Bewohnern der Ersten Welt zum Trotz: Für die meisten Menschen in der Dritten Welt ist das Problem, wie man Natur und Umwelt bestmöglichst erhalten könnte, von untergeordneter Bedeutung. Die Frage, ob Hunger oder Naturbewußtsein den Vorrang hat, ist eindeutig entschieden, denn die tägliche Versorgung mit Nahrung und Wasser steht bei der großen Mehrheit notgedrungen im Mittelpunkt des Überlebenskampfes. Es wäre uneinsichtig und arrogant, ihnen das zum Vorwurf zu machen. Zu erinnern ist daran, daß in der europäischen Geschichte Nahrungsmittelangebot und Bevölkerungsentwicklung ebenfalls nicht immer übereinstimmten. Nach dem Agrarhistoriker Wilhelm Abel ist es „in Deutschland weitgehend vergessen und in Entwicklungsländern ziemlich unbekannt, daß auch die Geschichte des Abendlandes auf weite Strecken eine Geschichte der Not, des Hungers und des Elends war ... Freilich gilt dies nur für die ‚Armen'. Doch sehr viele waren arm in einem Zeitalter, da schon in guten Jahren nicht selten mehr als die Hälfte der Einkommen für Lebensmittel gebraucht wurden und in Notjahren die Preise der wichtigsten Brotfrucht auf das Doppelte, Dreifache und noch höher stiegen."

Eines der spektakulärsten Beispiele für Hungersnöte in Europa lieferte gegen Mitte des 19. Jahrhunderts Irland. Dort starben in den Jahren 1845 bis 1850 wegen Kartoffelmißernten etwa eine Million Menschen den Hungertod. Hunderttausende von

Iren mußten aufgrund von Nahrungsmangel emigrieren, in erster Linie nach Nordamerika. Schuld daran war das Auftreten der gefürchteten Kartoffelkrankheit Phytophthora infestans (Kraut- und Knollenfäule). Und auch die Jahre während und nach dem Zweiten Weltkrieg waren in Europa — besonders in Deutschland — von Hunger und Mangel geprägt.

Während frühere Hungersnöte noch als vorübergehende „Episoden" eingestuft werden können, verfestigen sich die Ernährungsprobleme in großen Teilen der Dritten Welt in besorgniserregenden Ausmaßen. Die FAO rechnet bis zum Jahr 2000 mit zirka 800 Millionen permanent unterernährten Menschen. Damit wäre einer von sieben Erdenbewohnern ständig dem Hunger ausgesetzt. Das betrifft vor allem den afrikanischen Kontinent. Dort stand von 1980 bis 1992 einer Steigerung der Nahrungsmittelproduktion um gut 32 Prozent ein Bevölkerungswachstum von nahezu 45 Prozent gegenüber, mit der Folge, daß 1992 pro Kopf der Bevölkerung fast 8,5 Prozent weniger Nahrungsmittel verfügbar waren als noch 1980.

Darüber hinaus wird eine stetig ansteigende Zahl von Menschen in den Entwicklungsländern durch Fehlernährung, in erster Linie durch den Mangel an hochwertigem tierischen Eiweiß, in ihrer körperlichen und geistigen Entfaltung beeinträchtigt und teilweise schwer geschädigt. Kinder sind davon in besonderem Maße betroffen. Daß zudem durch Stammesfehden, kriegerische Auseinandersetzungen, politische Krisen, Naturkatastrophen und regionale Mißernten Abertausende von Menschen verhungern, gehört zu den Meldungen, die fast schon so regelmäßig wie Wetterberichte von den Medien verbreitet und auch so schicksalsergeben wie diese, da anscheinend unabänderlich, registriert werden. Bekommt Malthus also doch noch recht?

Der Engländer Robert Thomas Malthus, der zu den führenden Theoretikern der klassischen Nationalökonomie zählt, hat als einer der ersten auf den Zusammenhang zwischen Bevölkerungsentwicklung und Nahrungsmittelproduktion hingewiesen. In seiner 1798 erschienenen Streitschrift *An Essay on the Principle of Population* ging es ihm zwar primär um die künftige Vervollkommnung der Gesellschaft; der Aufsatz wurde und wird jedoch fast ausschließlich wegen seiner Aussage diskutiert, daß die Bevölkerung in einem stärkeren Maße wachsen wird, als die Nahrungsmittelproduktion zunehmen kann. Demnach vermehrt sich erstere in geometrischer Progression (1, 2, 4, 8, 16 etc.), die Nahrungsmittelmenge dagegen nur in arithmetischer Reihe (1, 2, 3, 4, 5 etc.). Um dieses ungleiche Wachstum auszubalancieren, führte Malthus sogenannte „checks" (Hemmnisse, Begrenzungen) in sein Theoriegebäude ein. Dabei unterscheidet er vorbeugende und nachwirkende „checks". Gehören zu den ersteren beispielsweise Verzögerung bei der Heirat, sexuelle Enthaltsamkeit und (künstliche) Maßnahmen zur Geburtenregelung, so versteht Malthus unter den nachwirkenden „checks" Kriege, Naturkatastrophen und den Mangel an Nahrung.

Steuern wir nun, zumindest soweit große Teile der Dritten Welt betroffen sind, in Form einer Ernährungskrise auf einen solchen „check" zu? Daß dies so sein könnte, wird besonders am Beispiel Reis deutlich. Reis ist das Grundnahrungsmittel für beinahe zwei Drittel der Weltbevölkerung. Dabei handelt es sich überwiegend um Bewohner asiatischer und einiger afrikanischer Entwicklungsländer, für die Reis die Ernährungsgrundlage, also gleichbedeutend mit Leben ist. Wie wichtig Reis für Asien ist, mag darin sichtbar werden, daß er in Sanskrit „Erhalter der menschlichen Rasse" heißt; und in den meisten asiatischen Sprachen gibt es für Reis und Nahrung nur ein Wort. Seit 1989 stagniert aber die globale Reisproduktion bei durchschnittlich 520 Millionen Tonnen pro Jahr. Andererseits sind es gerade die Reisesser, die zur Bevölkerungsexplosion wesentlich beitragen. Reis wird damit für das Überleben der Menschheit in Zukunft zweifellos noch wichtiger. Da dies zunehmend auch für die Kartoffel gilt, werden diese beiden Ackerfrüchte in einem gesonderten Abschnitt behandelt.

Trotz der zahlreichen Hinweise auf Nahrungsmittelverknappung und Hunger glauben viele Menschen in den Industrieländern, davon nicht berührt zu sein. Sie beharren darauf, und vorerst befinden sie sich mit dieser Einschätzung im Recht, daß ihr Ernährungsproblem vielmehr in einer Art Überernährung liegt. Die agrarpolitische Debatte unserer Tage, bei der es hauptsächlich um zu beseitigende Überproduktion durch Flächenstillegungen, Produktionskontingentierung und dergleichen mehr erzeugungshemmende Maßnahmen geht, bestärkt sie in ihrer Haltung. „Aber", so fragen der Agrarwissenschaftler Peter von Blanckenburg und der Ernährungswissenschaftler Hans-Diedrich Cremer, „kann man wirklich davon ausgehen, daß Nahrungsverknappung und Unterernährung immer nur im wesentlichen ein Problem der Entwicklungsländer bleiben werden? Können wir sicher sein, daß bei weiterem Anstieg der Weltbevölkerung nicht schließlich auch die Menschen in Industrieländern von der Weltnahrungsknappheit erfaßt werden? Wenn man sich vergegenwärtigt, daß die in Industrieländern zur Nahrungsproduktion notwendige Energiemenge ungleich größer ist als bei den allgemein weniger energieaufwendigen Produktionsmethoden in Entwicklungsländern, so gewinnt diese Gefahr in Anbetracht des Problems ausreichender Energiegewinnung an Wahrscheinlichkeit." Anzumerken ist allerdings, daß die eigentliche landwirtschaftliche Urproduktion vergleichsweise wenig Energie benötigt. Schätzungen in verschiedenen Industrieländern zeigen, daß nur etwa drei bis vier Prozent des Gesamtenergieverbrauchs auf sie zurückzuführen sind. Der Transport, die Verarbeitung landwirtschaftlicher Güter in der Ernährungsindustrie sowie die Essenszubereitung in den Haushalten verschlingen dagegen 12 bis 15 Prozent Energie.

Eine Gefahr droht den Menschen in den Industrieländern nicht zuletzt durch ihre Eßgewohnheiten. So dient in Europa, Nordamerika und Australien ein beträchtlicher Teil des geernteten Getreides nicht dem direkten menschlichen Verzehr, sondern

kommt erst nach der Veredlung über den „Futter-
trog" als Fleisch, Milch, Eier oder Käse auf den
Tisch. Von der Weltweizenernte wird insgesamt
etwa ein Drittel an Tiere verfüttert; in Deutschland
dürfte dieser Anteil fast doppelt so hoch liegen, was
heißt, daß etwa 60 Prozent des von deutschen Bauern
geernteten Weizens erst nach der Transformation im
Tiermagen als „tägliches Brot" zur Verfügung stehen. Im Durchschnitt der verschiedenen Tier- und
Futterarten sind sieben pflanzliche Kalorien aufzuwenden, um eine ernährungsphysiologisch höher-
wertige tierische Kalorie zu erzeugen. Der Umweg
über die verlustreiche tierische Veredlung ist ein Lu-
xus, den sich in der Regel nur wohlhabende Industrieländer leisten können.

Wie verhält es sich nun mit dem Vorwurf, unsere
Fleischproduktion könne nur durch Futtermittelim-
porte aus der Dritten Welt aufrechterhalten werden?
Beschreibt der gegen Ende des vorigen Jahrhunderts vermutlich in England geprägte Ausspruch
„Unsere Kühe weiden am La Plata" noch die heutige
Situation? Leben wir damit bezüglich unseres
Fleischkonsums in des Wortes wahrster Bedeutung
auf Kosten der Menschen in der Dritten Welt? Folgt
man den vom Fachverband der deutschen Futtermit-
telindustrie herausgegebenen Daten, so trifft das
kaum noch zu. Vom gesamten Futterverbrauch in
Deutschland stammen nach den letztverfügbaren
Zahlen (Wirtschaftsjahr 1991/92) nur 13,8 Prozent
aus Importen. Der Anteil ausländischer Futtermittel,
der sich 1980/81 auf 21,2 Prozent und 1985/86 auf
18,8 Prozent belief, geht damit seit Jahren zurück.

Da Futtergetreide bei den Importen nur eine untergeordnete Rolle spielt, konzentrieren sich die Vorwürfe auf die Einfuhren von Maniok (Tapioka), Sojaerzeugnissen, Maiskleber und Maiskeimschrot. Sowohl die beiden Maisprodukte als auch Sojaerzeugnisse kommen zu großen Teilen aus den USA, denen es ein mit Vehemenz vertretenes Anliegen ist, daß die EU-Länder mehr und nicht weniger von diesen Futterstoffen importieren. Ähnlich verhält es sich mit Maniok, für das Thailand der Hauptlieferant ist. Beträchtliche Mengen von Sojaerzeugnissen werden in Brasilien und Argentinien eingekauft. Abgesehen davon, daß es sich bei einigen dieser Produkte um für den Menschen nicht verzehrbare Abfälle aus der Stärke- und Ölgewinnung handelt, gehören weder die beiden letztgenannten Länder noch Thailand zu den Hungerregionen dieser Erde. Wenn in diesen Ländern trotzdem Menschen keine Nahrung haben, dann hat das sehr wenig mit deren Futtermittelexporten, aber sehr viel mit der dort herrschenden extrem ungleichen Verteilung des Landbesitzes und der Einkommen zu tun.

Außerdem ist von den Kritikern des Fleischkonsums zu bedenken, daß die in der Tierhaltung beim Umwandlungsprozeß entstehenden Verluste zum großen Teil als Nährstoffe im Festmist oder in der Gülle für die Düngung unserer Böden wieder zur Verfügung stehen. Tierhaltung ist deshalb von besonders großer Bedeutung für den ökologischen Landbau, bei dem man auf Stickstoffhandelsdünger verzichtet und einen geschlossenen Nährstoffkreislauf anstrebt. Es kommt hinzu, daß ein Teil der landwirtschaftlichen Flächen aus den verschiedensten Gründen — zu steil, zu feucht, zu trocken, zu steinig oder mit zu geringer Bodenauflage versehen — nicht für den Ackerbau verwendet werden kann, sondern als absolutes Grünland über Rinder-, Schaf- oder Ziegenhaltung zu nutzen ist. Zudem werden in der Tierernährung Abfälle verwertet. Man denke nur an die Abfälle aus Brauereien und Brennereien sowie die Essensreste aus Gemeinschaftsküchen und Gastronomie, die ohne eine solche Wiederverwertung eine weitere Ursache für Umweltverschmutzung wären. Rinder und Schafe sind schließlich für den Erhalt unserer Kulturlandschaft unerläßlich. Das in den süddeutschen Alpen und Voralpen und teilweise in den Mittelgebirgen durch Almen geprägte Landschaftsbild ist letztlich nur über Weidetiere zu erhalten.

Der Durchschnittskonsum an Fleisch und Fleischwaren lag 1993 in Deutschland pro Kopf der Bevölkerung bei knapp 65 kg; 1988 betrug dieser Wert noch zirka 70 kg. Wenn der Fleischverbrauch tendenziell zurückgeht, so ist das hauptsächlich auf gesundheitliche Erwägungen der Verbraucher zurückzuführen. Erwähnenswert ist, daß in Deutschland schon einmal wesentlich mehr Fleisch konsumiert wurde. Gegen Ende des Mittelalters sollen es pro Kopf und Jahr über 100 kg gewesen sein. Unter anderem durch die Auswirkungen des Dreißigjährigen Krieges sank der Fleischverzehr auf weniger als 20 kg pro Kopf und Jahr ab, um sich im Laufe der Industrialisierung, mit Rückschlägen in den beiden

Weltkriegen und Nachkriegszeiten, auf den heutigen Stand einzupendeln.

Die Zusammenstellung einer ausreichenden menschlichen Diät allein aus pflanzlichen Nahrungsmitteln ist im Prinzip zwar möglich, jedoch ergibt erst ein gewisser Anteil tierischer Produkte das nötige Sicherheitspolster an Eiweiß und Mineralstoffen, um den verschiedenen körperlichen und geistigen Beanspruchungen des täglichen Lebens gerecht zu werden. Abgesehen davon ist es natürlich auch eine Frage des Wohlgeschmacks der Nahrung, denn die meisten werden schon aus Geschmacksgründen einem saftigen Braten gegenüber einer pflanzlichen Eiweißmischung den Vorzug geben, und sei diese unter ernährungsphysiologischen Gesichtspunkten noch so perfekt austariert.

Wenn, wie angedeutet, die Reisproduktion weiter hinter der Bevölkerungszunahme herhinkt, wird dies letztlich Auswirkungen auf die Nachfrage nach Getreide und damit auf die Getreidepreise sowie die Preise für tierisches Eiweiß haben. Auch unsere Eßgewohnheiten könnten davon berührt werden, wenngleich es anmaßend und heuchlerisch wäre, dies dann mit der prekären Ernährungslage in den Entwicklungsländern vergleichen zu wollen.

Einer der kritischsten Punkte bei der zukünftigen Ernährungssicherung wird der Faktor Wasser sein. Nach einer Studie der Weltbank könnte es sehr bald zu einer Wasserkrise kommen, mit Afrika und dem Mittleren Osten als besonders gefährdeten Gebieten. Dieser Wassernotstand scheint im übrigen viel gewisser einzutreten als die vieldiskutierte Klimakrise.

Dabei geht es weniger um Trinkwasser, obgleich auch das vielerorts knapp wird, sondern um Irrigationswasser zur Erzeugung von Nahrungsmitteln. Es wird geschätzt, daß über 70 Prozent der Wassermengen, die sich Menschen auf der Erde verfügbar machen, für die Bewässerung landwirtschaftlicher Flächen verwendet werden. Besonders alarmierend ist, daß man dafür zunehmend Grundwasservorräte anzapft, die sich — wenn überhaupt — nur sehr langsam regenerieren; ein Problem, das selbst in so regen- und wasserreichen Ländern wie Deutschland, Österreich und der Schweiz Anlaß zur Besorgnis gibt.

Seit 1950 haben sich die bewässerten Flächen auf der Erde fast verdreifacht; sie liefern derzeit gut ein Drittel aller Ernten. Weitere große Bewässerungsprojekte, wie beispielsweise im Südosten der Türkei, sind im Ausbau begriffen. Die Abhängigkeit der Welternten von künstlicher Bewässerung wird ständig größer. Nach Berechnungen der FAO müssen in den nächsten 30 Jahren rund 80 Prozent der zusätzlich benötigten Nahrungsmittel auf bewässerten Flächen erzeugt werden.

Die meisten der gegenwärtigen Irrigationssysteme arbeiten, von ihren sonstigen ökologischen Nachteilen einmal gänzlich abgesehen, mit hohen Wasserverlusten. Im Mittel erreichen weniger als 40 Prozent der Bewässerungsmenge die Pflanze. Hier gäbe es somit enorme Möglichkeiten zur Wassereinsparung. Eine besonders effektive, wenngleich teure und nicht für alle Pflanzen geeignete Methode stellt die in Israel entwickelte „Tröpfchenbewässerung" dar. Perforierte Schläuche geben das Wasser in unmittelbarer Nähe der Wurzeln ab, so daß nur etwa fünf Prozent durch Verdunstung verlorengehen. Der stetige Wasserfluß bei dieser Art der Bewässerung hält außerdem die Versalzung der Böden in Grenzen. Viel einsparen läßt sich im allgemeinen durch eine gute Organisation bei der Verteilung des Wassers. „Bewässerungslandwirtschaft erfordert einen hohen Organisationsgrad und eiserne Disziplin aller Beteiligten!" Dieser praxisgesättigte Ausspruch erfahrener Bewässerungsfachleute, dem man bei Irrigationsvorhaben allerdings nicht immer Rechnung trägt, kann nicht genug betont werden. Je mehr man sich der Forderung annähert, desto eher wird es gelingen, einen Wassernotstand zu vermeiden.

Daß Wasser trotz aller haushälterischen Bemühungen zu einem Zankapfel zwischen Nationen und damit zu einem „check" im Sinne der Theorie von Malthus werden könnte, beschreibt in *Water: The International Crisis* eindrucksvoll Robin Clarke. Unter anderem führt er aus, daß beinahe 40 Prozent der Weltbevölkerung an Flußsystemen leben, deren Wasser von mehr als einem Land genutzt wird. Diese rund zwei Milliarden Menschen verschiedenster Nationalitäten müssen bezüglich ihres Wasserverbrauchs miteinander kooperieren. Während in der Ersten Welt dies seit langem internationale Verträge regeln, fehlen entsprechende Abkommen in der Dritten Welt häufig. In Europa ist beispielsweise die Nutzung der vier Flußsysteme, an denen jeweils vier oder mehr Länder beteiligt sind, in nicht weniger als

175 gegenseitigen Verträgen festgelegt. Bindende Übereinkommen über Wassernutzung werden bei der stark zunehmenden Bevölkerung in den Ländern Afrikas, Asiens und Lateinamerikas von Tag zu Tag dringender. Selbst sogenannte Wasserkriege können sonst nicht mehr ausgeschlossen werden. „Ägyptens nationale Sicherheit", so stellte in diesem Zusammenhang der frühere Staatsminister im ägyptischen Außenministerium und jetzige UN-Generalsekretär Butros Butros-Ghali fest, „liegt in den Händen von acht afrikanischen Staaten, die an den Nil angrenzen."

Wer aus der geschichtlichen Erfahrung argumentiert, kann darauf verweisen, daß es durch den technischen Fortschritt bisher stets zum Ausgleich zwischen Bevölkerungswachstum und Nahrungsmittelproduktion gekommen ist — wenn auch oft durch schmerzhafte Anpassungsperioden, die Millionen Menschen vorzeitig das Leben gekostet haben. Je mehr Menschen sich aber auf der Erde drängen, desto schwieriger wird es werden, diesen Ausgleich immer wieder aufs neue zu bewerkstelligen. Abgesehen davon lebt der Mensch nicht von Wasser und Brot allein.

Es wäre billig, in den Chor eines modisch gewordenen Neo-Malthusianismus einzustimmen, der sich bei näherem Hinsehen oft als Zweckpessimismus entlarvt. Denn Hunger kann ja, das sollte man stets bedenken, auch zum Geschäft einer Mitleidsindustrie werden. Nicht umsonst gibt es im englischsprachigen Raum den Ausdruck „hunger business". So wird die mangelhafte Ernährungslage in manchen

46

Entwicklungsländern nicht selten bewußt übertrieben und schlechter dargestellt, als sie wirklich ist. Daran sind zum einen deren Regierungen interessiert, da sie dadurch eher an Nahrungsmittelhilfe heranzukommen hoffen, zum anderen aber auch westliche Hilfsorganisationen, die, nicht zuletzt aus Gründen der Selbsterhaltung, den Spendenfluß anzukurbeln versuchen. Zum Teil sind unrichtige Angaben über die Ernährungslage in Dritte-Welt-Regionen, ohne daß dahinter böser Wille stünde, schlichtweg auf fehlerhafte oder gänzlich fehlende Statistiken zurückzuführen. Aber die steigende Knappheit von Reis und Wasser läßt keinen Zweifel daran zu, daß die Schatten von Malthus länger werden. Sollte es nicht gelingen, den „Storch langsamer als den Pflug" zu machen, bekäme er mit seiner fast 200 Jahre alten pessimistischen Vorhersage am Ende doch noch recht.

Exkurs über Reis und Kartoffeln, die wichtigsten Grundnahrungsmittel der wachsenden Menschheit

Die herausragende Bedeutung von Reis und Kartoffeln für die Ernährung der zunehmenden Zahl von Menschen hatte bereits der englische Moralphilosoph und Begründer der klassischen Volkswirtschaftslehre, Adam Smith (1723—1770), erkannt. „Sollte diese Knolle" (gemeint ist die Kartoffel), so stellte er in bezug auf die europäischen Verhältnisse des 18. Jahrhunderts fest, „je in irgendeinem Teil von Europa wie der Reis in manchen Reisländern zum allgemeinen und beliebtesten Nahrungsmittel werden . . ., so würde die gleiche Strecke angebauten Landes eine weit größere Menschenmenge ernähren." Im folgenden soll auf Entwicklungspotential und Forschungsaktivitäten bei diesen beiden Ackerfrüchten näher eingegangen werden.

Über 90 Prozent der Weltreismenge werden in Asien erzeugt und konsumiert. Daneben gibt es einige westafrikanische Länder, in denen Reis ebenfalls wichtigste Ackerfrucht und Hauptnahrungsmittel der Bevölkerung ist. Reis gedeiht dank seines großen Sortenreichtums — man kennt Tausende von Reissorten — unter den verschiedensten ökologischen und klimatischen Bedingungen. Er ist zwar im allgemeinen eine Kurztagspflanze, es gibt aber tagneutrale Sorten, die für den Langtag, wie er etwa in Italien herrscht, geeignet sind. Seine Wachstumsdauer variiert je nach Sorte zwischen 60 und 260 Tagen. Reis wächst nicht nur im Wasser, sondern — ähnlich unserem Getreide — auch als Trockenreis. Er ist eine der wenigen Ackerfrüchte ohne gravierende Fruchtfolgeprobleme, kann also über lange Zeiträume hinweg auf denselben Flächen angebaut werden. Weder hohe noch niedrige pH-Werte des Bodens beeinträchtigen sein Wachstum wesentlich. Außerdem gibt es Reissorten, die bis zu einem gewissen Grad Salzwasser tolerieren. Diese sind besonders für küstennahen Reisanbau unentbehrlich, wo bei Überflutungen Meerwasser die Flüsse hinaufdrängt und Land überschwemmt. Die einzigartige Stellung von Reis unter den großen Kulturpflanzen ist durch sein Luftröhrensystem bedingt, das Sauerstoff für

Atmung und Nährstoffaufnahme von den Blättern und Stengeln in die Wurzeln gelangen läßt. Dies erlaubt, daß er auf wasserbedecktem Boden wächst. Weite Teile der Erde, wie beispielsweise die riesigen Überschwemmungsgebiete der südostasiatischen Ströme, könnten nicht für die Nahrungsmittelproduktion genutzt werden, wenn es die Reisfrucht nicht gäbe.

Während die sogenannten Weizenesser, das heißt im wesentlichen die Europäer, Nordamerikaner und Australier, meist zwischen den verschiedensten Nahrungsmitteln auswählen können, müssen sich die Reisesser größtenteils nur mit Reis begnügen. Reis ist zwar mit einem durchschnittlichen Eiweißgehalt von zirka 7,5 Prozent gegenüber Weizen mit zirka 12 Prozent im Nachteil; sein Eiweiß enthält aber im Vergleich zum Weizeneiweiß höhere Anteile der für den Menschen essentiellen Aminosäuren Lysin, Methionin und Threonin. Zudem kann Reiseiweiß durch die bessere Verdaulichkeit des Reises vom menschlichen Organismus zu über 60 Prozent ausgenutzt werden, während der vergleichbare Wert beim Weizen nur etwa 50 Prozent beträgt. Reiseiweiß ist somit wertvoller als Weizeneiweiß. Dies ist ein besonders hervorzuhebender Gesichtspunkt in jenen Entwicklungsländern, in denen der Mangel an hochwertigem Eiweiß begrenzender Faktor in der menschlichen Ernährung ist. Reis ist darüber hinaus ein Nahrungsmittel, das sich selbst bei lebenslangem Genuß durch hohe Verträglichkeit und Bekömmlichkeit auszeichnet.

Neben der Sortenwahl, der Höhe der Düngergabe, dem Ernte- und Trocknungsverfahren ist im Hinblick auf Quantität und Qualität die Art der Aufbereitung von Reis entscheidend. Die gewichtsmäßigen Verluste, die beim Entfernen der für den menschlichen Verzehr nicht geeigneten Spelzen sowie weiterer Schichten des Reiskorns durch herkömmliches Handstampfen oder in der Reismühle entstehen, bewegen sich, bezogen auf nicht entspelzten Reis („paddy"), zwischen 30 Prozent bei braunem Reis bis zu 50 Prozent bei poliertem Reis.

Der Aufbereitungsgrad ist auch entscheidend für die Höhe der im Reis verbleibenden Inhaltsstoffe. Da diese in erster Linie in den äußeren Schichten des Reiskorns eingelagert sind, enthält brauner, also lediglich entspelzter Reis, größere Mengen an Eiweiß, Mineralien, Fetten und Vitaminen als polierter Reis. Das ist zwar für jene zu vernachlässigen, die wenig Reis essen, aber besonders wichtig für Menschen, die sich hauptsächlich von Reis ernähren.

Die agrarische und ernährungsphysiologische Reisforschung ist heute aktueller denn je und auf vielerlei Gebieten tätig. Immer stehen die Stabilisierung und Erhöhung der Reiserträge pro Flächeneinheit bei gleichzeitig möglichst guter Umweltverträglichkeit und niedrigem Einsatz von Betriebsmitteln wie Dünger und Chemikalien im Vordergrund. Die Wissenschaftler des International Rice Research Institute (IRRI) auf den Philippinen sind an erster Stelle zu nennen. Schwerpunkte ihrer Tätigkeit sind unter anderem die Züchtung von Reissorten
— mit geringerem Strohgehalt,
— mit längeren Wurzeln zur besseren Nährstoffaufnahme,

— mit „eingebauter" Resistenz gegen Schädlinge und Krankheiten sowie

— mit möglichst kurzer Wachstumsdauer.

Neben der Züchtung dieses „Super-Reises", der eines Tages Hektarerträge von 10 Tonnen und mehr erbringen soll, geht es um die Verbesserung von Qualität und Lagereigenschaften ebenso wie um verlustärmere Formen der Aufbereitung. Des weiteren muß das beim Naßreisanbau entstehende Methan (CH_4), das wie CO_2 zu den Treibhausgasen gerechnet wird, vermindert werden.

Um eine schnell wachsende Menschheit zu sättigen, müßte bis zum Jahr 2050 die Reisproduktion mehr als verdoppelt werden. In Zahlen ausgedrückt heißt dies, daß die in den letzten Jahren eingebrachte Weltreisernte von rund 520 Millionen Tonnen auf über 1000 Millionen Tonnen jährlich zu steigern ist. Reisbauern, Agrarforscher und nicht zuletzt die Agrarpolitiker müssen zusammenarbeiten, um dieses hochgesteckte Ziel zu erreichen. Im Blick auf die seit 1989 stagnierenden Reiserträge sieht es nicht so aus, als ob der Weg dahin leicht wäre.

Auch die Kartoffel ist bezüglich ihrer Anbaumöglichkeiten und Ernährungseigenschaften ähnlich vielseitig einzustufen wie Reis. Sie gedeiht sowohl in Lagen unter Meereshöhe bis hinauf in Höhen von 4500 m, unter tropischen Klimabedingungen ebenso wie am Polarkreis. Es gibt Sorten, die graduell frostresistent sind; ihre Ansprüche an den Boden sind gering. Wie Reis ist die Kartoffel sowohl eine Kurztags- als auch eine Langtagspflanze. Zudem erbringt sie im Vergleich zu Getreide im allgemeinen einen wesentlich höheren Nährstoffertrag pro Flächen- und Zeiteinheit.

Die weltweite Kartoffelanbaufläche ging zwar von jährlich knapp 24 Millionen Hektar (Durchschnitt der Jahre 1961 bis 1965) auf etwa 18 Millionen Hektar (Durchschnitt der Jahre 1988 bis 1992) zurück. Aufgrund gleichzeitig gestiegener Flächenerträge wirkte sich dies jedoch bei der Weltgesamtproduktion nur geringfügig aus. Wurden im Durchschnitt der Jahre 1961 bis 1965 etwa 284 Millionen Tonnen Kartoffeln geerntet, so waren es in den Jahren 1988 bis 1992 durchschnittlich 270 Millionen Tonnen. Die größten Rückgänge bei Anbauflächen und Produktion können in Europa und der früheren UdSSR beobachtet werden. Dies hängt mit dem geringer werdenden Kartoffelkonsum der Menschen allgemein sowie mit der weitgehenden Umstellung der Schweinemast von Kartoffeln auf Getreide zusammen. Beträchtliche Zuwächse im Kartoffelbau ergaben sich dagegen in Afrika und Asien, also dort, wo die meisten Entwicklungsländer liegen. In Nord-, Mittel- und Südamerika änderte sich der Umfang der Anbaufläche kaum, obwohl Flächenerträge und Produktion um rund die Hälfte erhöht wurden.

Ein Ausdruck des steigenden Interesses an der Kartoffel in den Entwicklungsländern ist unter anderem die im Jahr 1971 in Peru erfolgte Gründung des International Potato Center, besser bekannt unter der Abkürzung seiner spanischen Bezeichnung CIP (Centro Internacional de la Papa). Wie das International Rice Research Institute sowie 15 weitere Organisationen gehört das CIP zu den von westlichen Staaten, Deutschland eingeschlossen, finanziell und personell maßgeblich unterstützten internationalen Forschungseinrichtungen im Agrarbereich. Wo liegen nun die Forschungsschwerpunkte bei Züchtung, Anbau, Lagerung und Verwertung der Kartoffel, vor allem soweit diese für Dritte-Welt-Länder relevant sind?

Chemische Schädlingsbekämpfung im Pflanzenbau wird wegen der verhältnismäßig hohen Kosten und aus Gründen strenger werdender Umweltschutzbestimmungen durch Züchtung auf Resistenz und durch biologischen Pflanzenschutz zu ersetzen versucht. So wurde am CIP eine Kartoffelpflanze mit kleinen, klebrigen Haaren an Blättern und Stengeln gezüchtet. Der Haarbesatz hält schädliche Insekten, besonders Blattläuse und andere Überträger der gefürchteten Viruskrankheiten, auf natürliche Weise von der Kartoffelpflanze fern. Die neue Kartoffelsorte ist zwar bereits praxisreif, jedoch gilt es, sie ertragreicher zu machen. Bisher liegt ihr Ernteertrag etwa 25 Prozent unter dem normaler, d. h. haarloser Kartoffelsorten.

Die enormen Kosten für Lagerung und Transport der voluminösen Pflanzkartoffeln sind mit der einschränkendste Faktor für den Kartoffelanbau in Entwicklungsländern. Denn die Kartoffelanbauer in den heißen Ländern müssen laufend mit frischem, virusfreiem Pflanzgut aus den kühleren Standorten, d. h. den „Gesundlagen" der Kartoffel versorgt werden, da sonst die Viruskrankheiten überhandnehmen.

Einen Ausweg aus diesem Dilemma weisen die Samenkörner der Kartoffel, die zu Hunderten aus je einer Kartoffelblüte hervorgehen. Dieser mit True Potato Seed (TPS) bezeichnete Samen besitzt gegenüber der Pflanzknolle einige ins Gewicht fallende Vorteile, wie:

— Eine Handvoll TPS kann rund zwei Tonnen Pflanzkartoffeln ersetzen.
— Die Kosten für Transport und Lagerung von TPS tendieren gegen Null.
— TPS ist gesünder als Pflanzkartoffeln, da nur wenige Krankheiten bekannt sind, die er überträgt.
— Die Kartoffeln, die nicht als Pflanzgut für die nächste Anbausaison verwendet werden müssen, stehen für den Konsum zur Verfügung.

Die vorerst noch vorhandenen Nachteile der TPS-Technologie bestehen vor allem darin,

— daß aus Samen gezogene Kartoffeln weniger einheitlich sind, also das Erntegut bezüglich Größe und Qualität stark variieren kann,
— daß die Erzeugung von Kartoffeln aus TPS im Vergleich zu Pflanzkartoffeln etwas mehr Zeit beansprucht,
— und daß das neue Verfahren mit den Samen unter den Bauern noch unbekannt ist.

Die Überlagerung des Kartoffelpflanzguts für die folgende Anbausaison stellt in den heißen Ländern, soweit nicht die beschriebene TPS-Technologie benutzt wird, ein Problem dar. Elektrisch gekühlte Lagerräume sind in Entwicklungsländern nicht nur zu teuer, sondern häufig ist entsprechende Kühlenergie im ländlichen Raum gar nicht erst vorhanden. CIP greift deshalb auf traditionelle Kartoffellagerpraktiken zurück, um diese durch

Verbesserungen einsatzfähiger zu machen. So wurde ein alternatives und kostengünstiges System der Kartoffellagerung entwickelt, bei dem die keimhemmende Wirkung diffusen Lichtes verwendet wird. Des weiteren erforscht man schädlingsabweisende Pflanzen, die zusammen mit dem Kartoffelgut gelagert werden können. Als Vorbild dient die Kartoffellagerung der peruanischen Hochlandbauern, die ihre für die nächste Pflanzzeit vorgesehenen Knollen mit bestimmten Kräutern abdecken, deren Geruch unter anderem das Eindringen von Larven eines andinen Kartoffelkäfers in die Frucht verhindert.

Bei der Konservierung der für den Verzehr bestimmten Kartoffeln wird auf getrocknete Erzeugnisse gesetzt. Auch hierfür geben die peruanischen Hochlandbauern beispielhaft die Richtung an. Sie trocknen ihre Speisekartoffeln dadurch, daß sie diese nachts dem Frost und tagsüber dem Auftauen und der Austrocknung in der Sonne aussetzen. Zusammen mit längerem Wässern und Stampfen der Kartoffeln wird dies etwa 15 bis 20 Tage fortgesetzt. Das abwechselnde Gefrieren, Auftauen, Wässern und Trocknen macht sie lager- und transportfähiger. Zudem wird der Solaningehalt der Knollen gesenkt, und ihr Geschmack ändert sich in die von der peruanischen Landbevölkerung bevorzugte Richtung. Der geschilderte Vorgang entspricht übrigens der in Industrieländern üblichen technisierten Gefriertrocknung von Lebensmitteln. Wenn auch diese Gefriertrocknung in den Tropen unter natürlichen Bedingungen nicht übernommen werden kann, deutet das Prinzip der Kartoffeltrocknung in den Anden doch einen Weg an, der weiterverfolgt wird.

Viele der Entwicklungen und Verbesserungen im Kartoffelanbau wären nicht möglich, wenn CIP nicht seit seiner Gründung am Auf- und Ausbau einer Kartoffelgenbank gearbeitet hätte, in die mittlerweile insgesamt 5000 Kartoffelsorten, etwa 3500 Kultursorten und rund 1500 wilde Formen aufgenommen wurden. Daneben existieren weitere Kartoffelgenbanken in anderen Ländern Lateinamerikas, den USA und in Rußland. Für Deutschland sind das Groß Lüsewitzer Sortiment wilder und kultivierter Kartoffelsorten sowie das Braunschweiger Genetic Resources Center zu nennen. Beim Reis wurde vom International Rice Research Institute mit einer Genbank von Zehntausenden wilder und kultivierter Reissorten eine ähnlich bedeutsame Einrichtung geschaffen.

Die Rolle dieser Genbanken als Damm gegen die „genetische Erosion" kann nicht hoch genug eingeschätzt werden. Dies wird besonders deutlich angesichts der Tatsache, daß etwa in den USA auf rund 75 Prozent der Kartoffelfläche nur noch vier Kartoffelsorten angebaut werden. Vermutlich würde es zwar mit der heutigen Pflanzenschutztechnik nicht mehr zu einer Katastrophe wie Mitte des 19. Jahrhunderts in Irland kommen. Trotzdem birgt die Konzentration auf wenige, genetisch einseitig orientierte Sorten Gefahren, die keinesfalls unterschätzt werden dürfen.

So hoch die geschilderten Forschungsansätze im Agrarbereich zu bewerten sind, so haben doch vernünftige landwirtschaftliche Erzeugerpreise und ein effizient geregelter Landhandel mindestens ebenso großen Einfluß auf die Produktion von Nahrungsmitteln. Daß in diesen Bereichen in den meisten Entwicklungsländern noch sehr vieles im argen liegt, ist offenkundig. Um die Nahrungsmittel kostengünstig zum Verbraucher zu bringen, ist in vielen Teilen der Dritten Welt die Lieferkette zu verbessern. Sonst werden die einheimischen Güter alleine durch den Transport zu teuer, und die Großstädte hängen noch mehr am Tropf westlicher Nahrungsmittelhilfe. Wichtig ist schließlich die landwirtschaftliche Beratung, die für die Übertragung der Forschungsergebnisse in die Praxis verantwortlich ist. Nur wenn die „Düngung der Köpfe" (Peter von Blanckenburg) gelingt, wird das gewaltige Potential von Reis und Kartoffeln für die Ernährung der Menschheit so nutzbar, wie es der wachsende Welthunger verlangt. Angesichts der zunehmenden Knappheit von landwirtschaftlicher Nutzfläche und Wasser bleibt die Kernfrage zu lösen, wie trotzdem der Nahrungsertrag zu steigern ist. Wenn überhaupt, dann kann dies nur durch den verstärkten Anbau von Reis und Kartoffeln gelingen.

Holzeinfuhrstopp der Industrieländer —
Rettung für die tropischen Wälder?

Als eines der am stärksten durch menschliche Einwirkungen gefährdeten Ökosysteme der Erde gelten derzeit die tropischen Wälder. Ursprünglich bedeckten sie ein Areal von etwa 40 Millionen km². Davon ist heute nicht einmal mehr die Hälfte, d. h. etwa 18 Millionen km², übrig, und ihre Fläche nimmt mit ständig zunehmendem Tempo weiter ab. Sie verringert sich jährlich um zirka 170 000 km². Bis zum Jahr 2050 wird ein Rückgang auf 5 bis 8 Millionen km² erwartet.

Es gibt also allen Grund, sich um den Fortbestand dieser für das Weltklima, die Artenvielfalt und damit für die Zukunft der Menschheit bedeutenden Wälder Sorgen zu machen. Berechtigterweise stehen deshalb Bemühungen zur Erhaltung der tropischen Wälder im Zentrum der Arbeit vieler Umweltgruppen. Daraus könnte man schließen, die Lösung des Problems sei bereits auf den Weg gebracht. So begrüßenswert dieses Engagement ist, wird es aber dann bedenklich, wenn es mit Unkenntnis oder ideologischen Zielen verbunden ist.

Betrachtet man beispielsweise die bundesdeutsche „Tropenwaldretter-Szene" einmal etwas genauer, so kann man sich nur wundern, mit wieviel unterschwelliger oder offener Ideologieverbrämung, Naivität, Überheblichkeit und Ignoranz zu Werke gegangen wird. Vom Schullehrer bis zur Hausfrau, vom Apotheker bis zum Verwaltungsbeamten fühlt sich jeder berufen, in dieser Angelegenheit mitzureden. Einer der Gründe hierfür kann mit Sicherheit darin gesehen werden, daß dieses Thema wie kein anderes geeignet ist, Umweltengagement zu demonstrieren, ohne durch die propagierten Maßnahmen eine wesentliche Beeinträchtigung der eigenen Lebensweise befürchten zu müssen, und zwar unabhängig vom Erfolg oder Mißerfolg der jeweiligen Aktion.

Es soll keinesfalls in Abrede gestellt werden, daß viele der Aktivisten in redlicher Absicht handeln. Dennoch müssen sie sich die Frage gefallen lassen, in welchem Maße sie in der Sache kompetent sind. Allein der gute Wille und die Tatsache, einmal Ferien in einem tropischen Land gemacht zu haben, dürften als Expertise kaum ausreichen. Es ist wohl diesem Mangel an Verständnis für die Komplexität der Zusammenhänge um die Zerstörung der Tropenwälder zuzuschreiben, daß ein Tropenholzboykott noch immer als Lösung angesehen und gefordert wird. Für den erfahrenen und international bekannten deutschen Tropenwaldforscher Eberhard F. Bruenig existiert daher gar ein „besonderes deutsches Handicap", das durch einen „niedrigen Stand der Fachkompetenz bis zur peinlichen und bestürzenden Naivität von Erklärungen, Gutachten und Vorschlägen zum Thema Schutz des Regenwaldes gekennzeichnet ist". In der Tat müßte allein die Simplizität des (scheinbaren) Patentrezeptes Tropenholzboykott jeden, der die außergewöhnliche standörtliche, biologische und vor allem sozioökonomische Vielfalt in den tropischen Ländern auch nur etwas kennt oder sich zumindest vorstellen kann, stutzig machen.

Sieht man sich einmal die Menge des in den Tropenwäldern eingeschlagenen Holzes und dessen Verbleib beziehungsweise dessen Verwendung etwas näher an, so wird sehr schnell erkennbar, welchen — im günstigsten Fall — bescheidenen Einfluß die Wirkung eines Einfuhrboykotts der Industrieländer auf die Zerstörung der Wälder hätte. Nach den Schätzungen der FAO betrug das Gesamtholzaufkommen in den 76 Tropenländern 1987 rund 1,7 Milliarden m³. Das entspricht etwa der Hälfte des weltweiten Holzeinschlags von 3,4 Milliarden m³. Interessant ist, die Verwendung dieses immensen Holzvolumens einmal genauer unter die Lupe zu nehmen: Während in den Industrieländern rund 80 Prozent des geernteten Holzes für industrielle Zwecke eingesetzt werden, nutzt man in den Tropenländern 86 Prozent des Einschlags als Brennholz. In dieser Zahl kommt zum Ausdruck, daß in den Entwicklungsländern ein Großteil der Menschen auf Holz als Energiequelle zum Kochen und Heizen angewiesen ist. Vom gesamten Holzeinschlag verbleiben dort somit nur 14 Prozent, die als Nutzholz für industrielle Zwecke zur Verfügung stehen. Hiervon werden wiederum 72 Prozent in den Einschlagsländern selbst verwendet. In den Export gehen somit nur knapp 4 Prozent der gesamten tropischen Holznutzung. Berücksichtigt man weiter, daß Deutschland am internationalen Tropenholzhandel einen Anteil von ungefähr 3 Prozent hat, so dürfte schon anhand dieses Zahlenmaterials klarwerden, daß einem deutschen Einfuhrstopp bestenfalls symbolischer Wert beigemessen werden könnte.

Noch überzeugender kann der Irrglaube, die Tropenwaldzerstörung durch einen Handelsboykott unterbinden zu können, an Brasilien verdeutlicht werden. Mit 2,2 Millionen km² ist es das tropenwaldreichste Land der Erde und zeichnet für etwa ein

Drittel der jährlichen Flächenverluste an tropischem Regenwald verantwortlich. Sein Anteil am internationalen Tropenholzhandel macht jedoch gerade 2,4 Prozent aus. Der Holzexport aus dem größten Regenwaldgebiet der Erde ist somit geringer als der (nachhaltige) jährliche Holzeinschlag im Schwarzwald. Mit einem Verbot für die tropische Holzeinfuhr ist daher die weitere Zerstörung der Tropenwälder nicht aufzuhalten.

Nun könnte man einwenden, durch einen konsequenten Boykott tropischer Hölzer bliebe zumindest der Teil der Bestände erhalten, der — und sei er auch noch so gering — für Exportzwecke abgeholzt wird. Aber dieses Argument ist ebenfalls nicht stichhaltig. Darauf weist immer wieder der malaysische Premierminister Mahathir Mohamad am Beispiel seines Landes hin. „Der Boykott malaysischen Holzes", so der Premierminister, „wird überhaupt nichts nützen. Wenn wir nämlich feststellen, daß unser Wald keinen ökonomischen Wert mehr hat, dann sollten wir ihn fällen, Brennholz daraus machen und die Flächen für die landwirtschaftliche Nutzung freigeben." Daß diese Drohung durchaus realistisch ist, haben Beispiele in anderen Ländern gezeigt. So unterhielten die Sherpas im Khumbu Forest in Nepal über 400 Jahre ein nachhaltiges System der Waldbewirtschaftung für Brennholz. Als es dann Entwicklungsexperten mit neuer Technologie (insbesondere verbesserten Öfen) gelang, die Abhängigkeit der Bevölkerung vom Holz der Wälder für Heizen und Kochen zu verringern, entdeckten diese sehr schnell deren Wert als potentielles Acker- und Weideland und begannen mit Rodungen. Dieses Beispiel ist jedoch keineswegs so zu deuten, daß die Brennholznutzung in jedem Fall zur Erhaltung des Waldes beiträgt. Es wurde gewählt, weil es aufzeigt, wie die wirtschaftlich sinnvolle Nutzung eines Waldes seinen Bestand sichern kann.

Auch eine massiv aufgestockte finanzielle Hilfe des Westens, um damit die Einnahmeverluste der vordem holzexportierenden Länder auszugleichen, änderte an dieser Situation wenig. Daß sich die Menschen in der Dritten Welt nicht mit der Idee Entwicklungshilfe gegen Holzausfuhrstopp anfreunden wollen, ist nur allzu verständlich. Wer möchte schon gern vom gleichwertigen Handelspartner zum Almosenempfänger degradiert werden?

Zweifellos kann der Teil des tropischen Waldes, in dem wertvolles, gutverkäufliches Holz wächst, noch am ehesten erhalten werden — selbst ohne Entwicklungshilfe. Das gilt erst recht, wenn bei jedem Holzeinschlag künftige Nutzungsrechte von Investitionen in Neu- bzw. Wiederanpflanzungen sowie Pflegemaßnahmen abhängig gemacht werden. Diese Waldbestände wären erst dann gefährdet, wenn ihr Holz keinen Marktwert mehr hätte.

Angesichts dieser Tatsachen ist es wohl nicht übertrieben festzustellen, daß die Boykottvertreter, egal ob aus Ignoranz oder ideologischer Motivation, ihre Munition auf einem Nebenkriegsschauplatz verschießen, während der eigentliche Kampf ganz woanders tobt. Ihr Konzept ist jedoch nachvollziehbar, wenn man bedenkt, daß sie bei der gewählten Vorgehensweise lediglich einigen Tropenholzhändlern im eigenen Land gegenüberstehen. An der Hauptfront befände man sich dagegen im Konflikt mit einem Heer von Bauern, Flüchtlingen, Holzfällern und -sammlern, also Menschen, für die eine Nutzung des Tropenwaldes die einzige Überlebenschance ist.

Geht man den tatsächlichen Gründen für die Waldzerstörung nach, so ist festzustellen, daß diese — so ungern das insbesondere die Dritte-Welt-Lobbyisten hören mögen — zuallererst in den vorherrschenden sozioökonomischen, politischen und demographischen Rahmenbedingungen der Entwicklungsländer selbst begründet liegen. Beispielhaft seien hohes Bevölkerungswachstum, Korruption, Mißwirtschaft, ineffiziente Verwaltungen sowie einseitige Landbesitzstrukturen genannt.

Die Enquete-Kommission des Deutschen Bundestages „Vorsorge zum Schutz der Erdatmosphäre" schätzt in ihrem umfassenden Zweiten Bericht zum Thema „Schutz der tropischen Wälder" aus dem Jahre 1990 den Beitrag des Nutzholzeinschlags an der Zerstörung der tropischen Wälder nur auf etwa 10 Prozent. An dieser Einschätzung dürfte sich auch dann nicht viel ändern, wenn man berücksichtigt, daß die mit der Holznutzung verbundene Erschließung bisher unberührter Waldgebiete das Vordringen von Brandrodungsbauern erleichtert. Denn die Nichterschließung verhinderte kaum den steigenden Bedarf der Menschen an landwirtschaftlich nutzbarer Fläche zur Befriedigung ihrer existentiellen Bedürfnisse. Diese verschaffen sie sich mit oder ohne Forststraßen.

Als Hauptursache für die Beseitigung des Waldes sieht die Enquete-Kommission deshalb den steigenden Bedarf an landwirtschaftlicher Nutzfläche. 40 Prozent der Waldverluste werden allein dem Wanderfeldbau zugeschrieben, also dem Abbrennen des Waldes durch arme Kleinbauern zur Gewinnung kurzzeitig nutzbarer landwirtschaftlicher Fläche. Deren Zahl wird weltweit auf 300 bis 500 Millionen veranschlagt und steigt weiter an.

Für die verbleibenden Waldverluste von etwa 50 Prozent sind agroindustrielle Betriebe sowie großflächige Erschließungs- und Entwicklungsprojekte verantwortlich. Neben technischen Großprojekten, wie dem Bau von Stauseen zur Energiegewinnung oder der Erschließung und Verarbeitung von Bodenschätzen, zählen hierzu insbesondere kapitalintensive, exportorientierte Großfarmen.

Für eine Gesamtbeurteilung der Auswirkungen eines Tropenholzboykotts ist es erforderlich, alle voraussehbaren Folgen in Betracht zu ziehen. Diese können angesichts betriebs- und volkswirtschaftlicher Zwänge sowie internationaler Handelsverflechtungen sehr vielgestaltig sein. So wird bei der Einschätzung der Folgen von Einfuhrverboten in den westlichen Industrieländern häufig übersehen, daß weltweit riesige aufnahmefähige Märkte existieren, die das frei werdende Exportpotential gierig aufsaugen würden. Vor allem holzarme Entwicklungsländer, unter anderem ehemalige Tropenholzexporteure wie Nigeria, Indien oder Thailand, die mittlerweile zu Nettoimporteuren geworden sind, werden ihre Holzeinfuhren steigern und damit die erhofften

Ziele hinfällig machen. Hinzu kommt, daß ein Boykott zum Preisverfall führte, der gar eine verstärkte Holznutzung bewirken könnte, da als Folge geringerer betrieblicher und staatlicher Einnahmen die Einschlagsflächen vergrößert werden müßten, um die Erlöse auf gleichem Niveau zu halten.

Reagierten die betroffenen Staaten wider Erwarten aber tatsächlich mit den erwünschten Einschlagsbegrenzungen, so müßte damit gerechnet werden, daß dadurch zahlreiche Arbeiter in der Forst- und Holzindustrie sowie im Handel- und Transportgewerbe arbeitslos würden, sich mangels Alternativen in die Front der Brandrodungsbauern einreihten, und auf diese Weise zur weiteren Zerstörung der Wälder beitrügen. Zu bedenken sind darüber hinaus die negativen Auswirkungen eines Handelsboykotts auf die ohnehin kränklichen Volkswirtschaften vieler Entwicklungsländer, die auf die Deviseneinkünfte aus der Holzvermarktung, sei es zum Kauf von Grundnahrungsmitteln, von Technologie oder zur Begleichung von Schulden, angewiesen sind.

An dieser Stelle muß unbedingt darauf hingewiesen werden, daß selbstverständlich auf forstlicher Seite erhebliche Möglichkeiten für eine Verbesserung der Situation der Tropenwälder bestehen. Allein die Tatsache, daß derzeit zwischen 50 und 80 Prozent des potentiell nutzbaren Holzes durch unsachgemäße Ernte und Transport sowie ungeeignete Technologie bei der Verarbeitung verlorengehen, gibt eine Vorstellung von den Einsparungsmöglichkeiten. Bruenig schätzt in einer Studie über die nachhaltigen Nutzungspotentiale in den tropischen

Wäldern, daß bei der Durchsetzung bekannter und erprobter wald- und holzschonender Ernte- und Verarbeitungsverfahren die Einschlagsflächen um 30 bis 50 Prozent verringert werden könnten. Genau hier und nicht beim Tropenholzboykott müssen Arbeit und Unterstützung durch die Industrieländer ansetzen.

Begutachtet man die Arbeit der umwelt- und entwicklungspolitisch engagierten Dritte-Welt-Gruppen in ihrer Gesamtheit, so ist verwunderlich, daß dieselben Leute, die sich im Falle des Tropenwaldes für strikte Handelsbeschränkungen einsetzen, ansonsten jegliche Behinderung des freien Welthandels durch die Industrieländer anprangern und einen ungehinderten Zugang der Entwicklungsländer zu den Märkten propagieren. In dieser Doppelzüngigkeit kommt letztlich eine moralische Überheblichkeit gegenüber den Entwicklungsländern zum Ausdruck, die für diese noch schwerer zu ertragen ist als das finanzielle Übergewicht der Industriestaaten. Mit prallgefüllten Bäuchen, ausgestattet mit allen technischen Errungenschaften und eingebettet in ein soziales Netz, das existentielle Not nicht einmal mehr erahnen läßt, kann man bekanntlich risikolos hehre Wertmaßstäbe für ökologisches Handeln aufstellen und Problemlösungen für andere Länder diskutieren. Daß die Entwicklungsländer zunehmend weniger bereit sind, sich auf eine solche Art bevormunden zu lassen, hat der Vertreter Ghanas beim Umweltgipfel 1992 in Rio de Janeiro deutlich zum Ausdruck gebracht: „Die weltweite Partnerschaft wird dann nicht funktionieren, wenn wir in den Entwicklungsländern permanent ignoriert und belehrt werden sowie uns andauernd neue Verhaltensvorschriften gemacht werden, die — wie wir alle wissen — unsere Entwicklungschancen verschlechtern. Wenn sich diese Einstellungen nicht ändern, können und wollen wir uns den Industrieländern bei unserer großen gemeinsamen Aufgabe, die Welt neu zu gestalten, nicht anschließen. Diejenigen, die glauben, daß unsere Wohnorte in den Entwicklungsländern in große Zoos und botanische Gärten verwandelt werden sollen, mit uns als Wärtern und Gärtnern seltener und gefährdeter Tier- und Pflanzenarten, sollten ihre Einstellung überdenken.'' Die häufig vorgetragene Forderung Hilfe zur Selbsthilfe wird zur Farce, wenn man die armen Länder sich nicht einmal dort selber helfen läßt, wo sie dazu imstande wären.

In der Tat besteht in den Industriestaaten mehr Grund zur Selbstkritik als zu anmaßendem Verhalten. Vor allem ein Rückblick auf die eigene waldgeschichtliche Vergangenheit sollte Anlaß zu etwas leiseren Tönen geben. Allzugern wird beispielsweise in Deutschland übersehen, daß auch hier der Wald von ursprünglich über 90 Prozent auf jetzt knapp 30 Prozent der Gesamtfläche reduziert wurde, wobei dieser Anteil vorübergehend sogar noch wesentlich tiefer lag. Das Zurückdrängen des Waldes fand erst ein Ende, als eine Verknappung der aus ihm gewonnenen Güter spürbar oder zumindest absehbar wurde und Holz durch neue Technologien als Werkstoff und Energiequelle abgelöst wurde. Und schließlich wird der Wald auch heute noch überall, wo er der wirtschaftlichen oder technischen Entwicklung im Wege steht, rücksichtslos abgeholzt.

So verständlich der Wunsch nach Boykottmaßnahmen gegen einzelne Länder ist, kann eine Lösung der Tropenwaldproblematik aber nicht über restriktive oder gar repressive Maßnahmen erreicht werden. Sie ist nur über eine verständnis- und vertrauensvolle Zusammenarbeit auf gleichberechtigter Basis herbeizuführen. Dabei darf es jedoch nicht so sein, daß die Industriestaaten nur Geld bereitstellen und die Entwicklungsländer in gewohnter Weise weiterwirtschaften. Unabdingbare Grundlage für eine Verbesserung der Situation des Tropenwaldes ist eine Änderung der bisherigen wirtschaftlichen und sozialen Verhältnisse in den armen Ländern. Künftige Entwicklungshilfe muß daher darauf ausgerichtet sein, zuvörderst die nötige wissenschaftliche und technische Unterstützung und erst in letzter Konsequenz Geld zu liefern.

Für die forstliche Entwicklungshilfe ergibt sich hieraus, daß insbesondere Know-how über Nachhaltigkeitsplanung und -kontrolle, angepaßte Waldbautechniken, bestands- und bodenschonendere Holzernteverfahren sowie besser geeignete Technologien vermittelt werden muß. Gemeinsam mit verwandten Fachdisziplinen, besonders der Landwirtschaft, müssen die Entwicklungsländer bei der Erarbeitung integrierter Landnutzungskonzepte und beim Aufbau effektiver und kompetenter Forstverwaltungen unterstützt werden. Erst wenn die bereits genutzten Waldflächen konsequent zur nachhaltigen Produktion von Walderzeugnissen und zur Befriedigung landwirtschaftlicher Erfordernisse eingesetzt werden, kann es gelingen, die bisher noch nicht angetasteten Primärwälder in ihrem Bestand zu erhalten. Und das sollte oberstes Ziel aller Schutzbemühungen in den Tropen sein!

So bitter das für manchen Boykottverfechter klingen mag: Nur durch eine Politik der kleinen Schritte auf allen Ebenen, das heißt vom Dorf bis zur Regierung, kann die Zerstörung tatsächlich und nachhaltig zum Stillstand gebracht werden. Sanktionsmaßnahmen, wie ein Boykott von Tropenholz, sind eher ein Zeichen von Hilflosigkeit, als daß sie zur Lösung der Probleme beitrügen.

Landwirtschaftliche Flächen kontra Waldbestände

Unter natürlichen Bedingungen wären Wälder überall auf der Erde, wo nicht zu geringe Niederschläge, zu niedrige Temperaturen oder zuviel Wasser ihre Entwicklung begrenzten, die vorherrschende natürliche Vegetationsform. Vor der Einflußnahme des Menschen haben wald- und baumgeprägte Flächen etwa 40 Prozent des Festlandes bedeckt. Heute liegt der Anteil weltweit noch bei etwa 25 Prozent.

Eines der bedeutsamsten Ereignisse für das Schicksal der Wälder, aber auch für die Kulturentwicklung der Menschheit war der Übergang vom Sammler und Jäger zum Ackerbauern. Mit der Landbewirtschaftung begann ein unvergleichlicher Feldzug gegen den Wald, der bis in unsere Tage andauert, ja sogar mit nie erlebter Vehemenz geführt wird. Während in Mitteleuropa die großen Rodungen bereits im Mittelalter erfolgten und sich noch über mehrere Jahrhunderte erstreckten, sind die Entwicklungsländer jetzt dabei, dies dank kräftiger Unterstützung durch moderne Technologie und hohen Bevölkerungszuwachs in geradezu atemberaubendem Tempo nachzuholen. In Afrika hat sich die Ackerfläche zwischen 1900 und 1980 verdreifacht, in Südostasien sogar fast vervierfacht, und zwar überwiegend auf Kosten des Waldes. Anders als in Europa, das dem übermäßigen Bevölkerungsdruck im letzten Jahrhundert durch Auswanderung auf den amerikanischen Kontinent ausweichen konnte, steht in den meisten Entwicklungsländern nur noch der Wald als Flächenreserve für eine schnellwachsende Bevölkerung zur Verfügung. Auch die Hoffnung, daß eine rasche Industrialisierung dem Wald helfen könnte, wie das in vielen Regionen Europas — zum Beispiel im Schwarzwald — der Fall war, hat sich zerschlagen, seit wir durch massive Umweltprobleme die Kehrseite der industriellen Medaille kennengelernt haben.

Aber es ist nicht nur der Verlust an Fläche, der aus forstlicher Sicht Anlaß zur Sorge gibt. Eine Reihe weiterer Faktoren darf bei den Betrachtungen über das Verhältnis von Wald zu Landwirtschaft nicht außer acht gelassen werden. So wird beispielsweise auf die Beseitigung des Waldes erst dort verzichtet, wo die Böden aufgrund ungünstiger Klima- oder Nährstoffverhältnisse oder wegen zu starker Geländeneigung für landwirtschaftliche Nutzung nicht geeignet sind. Das hat zur Folge, daß den Wäldern überwiegend die ertragsschwachen, marginalen Standorte verbleiben. Diese Tatsache kommt in Deutschland am deutlichsten im Bodenwert für Waldgrundstücke zum Ausdruck, der nur etwa ein Drittel des Grünlandwertes beträgt. Die Einengung des natürlichen Standortspektrums ist möglicherweise eine der Ursachen für die in den letzten Jahren feststellbare Verletzbarkeit und das eingeschränkte Reaktionsvermögen unserer Waldökosysteme auf natürliche und anthropogene Störungen.

Ein weiteres Beispiel dafür, daß dem Wald nicht nur durch Säge und Feuer Gefahr droht, sind die zahlreichen landwirtschaftlichen Nebennutzungen in den verbleibenden Wäldern. Obgleich dadurch ihre Existenz nicht unmittelbar bedroht ist, führen diese degenerierend wirkenden Nebennutzungen langfristig zu einer nachteiligen Änderung der Struktur, Zusammensetzung und Leistungsfähigkeit. Noch heute werden — vielfach wider besseres Wissen — Hunderttausende von Schweinen, Schafen, Ziegen und Rindern in die Wälder getrieben, um sich dort von den Früchten, Blättern und Knospen der Bäume sowie der Bodenvegetation zu ernähren. Die Folgen sind massive Schäden an Boden und Bäumen sowie insbesondere das Ausbleiben der natürlichen Verjüngung.

Auch die Entnahme von Streu aus den Wäldern stellt eine schädliche Einwirkung auf deren Ökosysteme dar. Gegen Ende des 18. Jahrhunderts spielte diese Art der Waldnutzung bei uns eine verheerende Rolle und bedingte für die Forstwirtschaft die großflächige Umstellung von Laubholz- auf Nadelholzwirtschaft, weil mit den ausgelaugten, an Nährstoffen verarmten Böden vielfach nur noch die Kiefer auskommen konnte. In Unkenntnis oder bewußter Mißachtung dieser Zusammenhänge wird der Bestockungswandel heute vielfach nur dem Gewinnstreben der Forstwirtschaft zugeschrieben. Dabei wird häufig übersehen, daß die jetzt überall stattfindende Rückumwandlung in Laubwälder ironischerweise zum Teil erst durch die hohen Stickstoffeinträge der Luftverschmutzung möglich wurde, die zur Verbesserung der Nährstoffsituation von verarmten Böden geführt haben.

Obwohl über die Auswirkungen der genannten Sachverhalte mittlerweile vielfältiges Wissen vorhanden ist, sind adäquate Problemlösungen vor Ort noch relativ selten. Selbst in Deutschland, wo mit der Beendigung von Waldnebennutzungen keine existentielle Gefährdung für den Berechtigten mehr verbunden wäre, scheitern entsprechende Bemühungen zur Bereinigung der Situation oft am Eigennutz der Beteiligten. Ein typisches Beispiel hierfür ist die Ablösung der Waldweiderechte in den süddeutschen Alpen. Obwohl sich Land- und Forstwirtschaft darüber einig sind, daß die Waldweide nicht nur dem Ökosystem Bergwald Schaden zufügt, sondern auch den Bauern kaum landwirtschaftlichen Nutzen bringt, konnten bisher keine wesentlichen Fortschritte erzielt werden. Die Gründe hierfür liegen weniger in der landwirtschaftlichen Bedeutung der Rechte als vielmehr darin, daß im Falle einer Ablösung häufig die begehrte Fahrerlaubnis auf den gesperrten Forststraßen für den Landwirt wegfällt und damit die touristische Nutzung der Almen erschwert würde.

Die aufgezeigten Einflüsse auf den Wald sind besonders schädlich, wenn unberührte Primärwälder davon betroffen sind. Hier ist nicht nur der Verlust an Biodiversität am größten, sondern auf empfindlichen Böden, wie in den Tropen, wird vielfach auch eine Wiederanpflanzung nach Aufgabe der landwirtschaftlichen Nutzung durch Erosion und Nährstoffverarmung erschwert beziehungsweise gar unmöglich gemacht. Oft genügen dort die Regenfälle weniger Jahre, um die fruchtbare Bodenkrume wegzuspülen und aus vormals üppigem Wald unfruchtbares Ödland zu machen. Soweit sich die Einwirkungen auf bewirtschaftete Wälder erstrecken, können die nachteiligen Folgen wenigstens teilweise durch waldbauliche Maßnahmen ausgeglichen oder zumindest gemildert werden. Das Hauptaugenmerk bei allen Schutzbemühungen muß daher, um das noch einmal zu betonen, auf die Erhaltung der noch vorhandenen Primärwälder gerichtet werden.

Trotz der in den letzten drei Jahrzehnten vorgenommenen gewaltigen Rodungen ist die weltweite Ackerfläche annähernd konstant geblieben, hat sogar etwas abgenommen. Der Zugewinn an Ackerfläche durch Inkulturnahme jungfräulichen Bodens wird durch den Verlust an Fläche infolge von Bodendegradationen immer wieder zunichte gemacht. Die Dramatik dieses Befundes wird greifbar, wenn man berücksichtigt, daß nach Schätzungen der FAO global nur noch etwa 18 Millionen km² Land zusätzlich ackerbaulich bestellt werden können, wobei die

Hälfte dieser Flächen noch mit Wald bedeckt ist, der aus Gründen des Wasser- und Klimaschutzes nicht gerodet werden dürfte. Abgesehen davon ist unkultiviertes Land genau dort am wenigsten vorhanden, wo es am dringendsten benötigt wird.

Nach Angaben des World Resources Institute lebten bereits 1975 in der Dritten Welt 63 Prozent der Bevölkerung in Regionen, in denen über 70 Prozent der möglichen Anbaufläche urbar gemacht worden waren. In Nordafrika und Teilen Asiens gilt das Potential an Ackerboden schon als erschöpft. Eine landwirtschaftliche Flächenausweitung erscheint dort nicht mehr möglich. Die Steigerung der ackerbaulichen Produktion ist nur noch über eine intensivere Bewirtschaftung zu erreichen. Damit erhöht sich aber nicht nur die Abhängigkeit der Bauern von der Verfügbarkeit und dem Einsatz von Dünger, Pflanzenschutzmitteln und hochwertigem Saatgut, sondern die erzeugten Lebensmittel werden zunehmend teurer. Es wird immer offensichtlicher, daß der Ausdehnung der landwirtschaftlichen Flächen nicht nur ökologische Grenzen gesetzt sind.

Allein 84 Prozent der weltweiten Bodendegradationen sind auf Wasser- und Winderosion zurückzuführen. Beide Faktoren sind hauptsächlich eine Folge der Beseitigung oder Auflichtung von Wald, von Überweidung sowie nicht angepaßter landwirtschaftlicher Nutzung. Diese Ursachen sind keineswegs nur ein Problem der Entwicklungsländer, wie häufig angenommen wird. Auch die Industriestaaten haben ihren Anteil daran. Ein Beispiel hierfür ist die Umwandlung der Graslandschaften des mittleren

Westens der USA in Ackerland in den 30er Jahren dieses Jahrhunderts. Ihres natürlichen Schutzes beraubt, wurde die Bodenkrume bei Trockenheit vom Wind weggetragen und mit ihr die Existenzgrundlage zahlreicher Farmer. „Moving real estate" heißt es seither ironisch bei den Farmern des ehemals Wilden Westens, wenn starke Winde Bodenabtrag hervorrufen. Aber auch bei uns finden sich Belege für nicht angepaßte Landnutzung. In Bayern wird auf rund zwei Dritteln der Ackerfläche mehr Boden abgetragen, als toleriert werden kann. Schuld daran ist nicht zuletzt die früher von der Flurbereinigung mit Akribie betriebene „Befreiung" der Agrarlandschaft von jeglichem Baumbestand.

Positiv ist dagegen zu vermerken, daß der fortschreitenden Waldvernichtung in der Dritten Welt bereits seit mehreren Jahrzehnten eine Zunahme des Waldbestandes in vielen entwickelten Staaten gegenübersteht. In den alten Bundesländern hat die Waldfläche zwischen 1950 und 1989 beispielsweise um 450000 Hektar zugenommen. Bei den Aufforstungen handelte es sich allerdings größtenteils um Böden, auf denen eine landwirtschaftliche Nutzung nicht mehr rentabel war. Im Weltmaßstab erscheint diese Zahl zunächst vernachlässigbar, sie gewinnt aber an Gewicht, wenn man berücksichtigt, daß in anderen Industriestaaten in den nächsten Jahren ebenfalls auf Grund von Agrarüberschüssen landwirtschaftliche Flächen in durchaus relevanter Größenordnung frei werden. In der Bundesrepublik Deutschland sollen nochmals zwischen 4 und 5 Millionen Hektar aus der landwirtschaftlichen Nutzung ausscheiden. Für das Gebiet der EU wird dieses Potential gar auf 44 Millionen Hektar geschätzt. Eine weitgehende Aufforstung dieser Flächen wäre nicht nur ein nützlicher Beitrag zur globalen Waldflächenmehrung, sondern gleichzeitig ein wichtiges Signal an die Entwicklungsländer. Diese stehen dem enormen Drängen der Industriestaaten nach Maßnahmen zur Erhaltung der Tropenwälder sowie Bestrebungen nach großflächigen Aufforstungen in ihren Ländern durchaus mit Skepsis gegenüber, weil sie dadurch Benachteiligungen befürchten. Nicht zuletzt deshalb haben sie auf dem Umweltgipfel in Rio de Janeiro verstärkte Aufforstungen „insbesondere in den Industriestaaten" gefordert.

Es ist außerdem positiv anzumerken, daß die europäische Agrarpolitik die Chancen, die sich durch das Freiwerden landwirtschaftlicher Flächen ergeben können, rechtzeitig erkannt hat. Im Rahmen der Agrarreform von 1992 wurde ein umfangreiches Finanzpaket geschnürt, das es den Bauern ermöglicht, ohne große finanzielle Nachteile von landwirtschaftlicher auf forstliche Nutzung umzusteigen. Bei den deutschen Landwirten ist dieses Programm auf ein großes Echo gestoßen und hat in einigen Landkreisen eine Flut von Aufforstungsanträgen ausgelöst.

Die Aussicht auf substantielle Aufforstungen von landwirtschaftlichen Flächen stößt jedoch nicht bei sämtlichen Gruppierungen auf ungeteilte Zustimmung. Zwar befürworten fast alle in offiziellen Stellungnahmen eine Waldvermehrung, gleichzeitig legen sie die Meßlatte für die erforderliche Genehmigung von Aufforstungen aber so hoch, daß der Großteil der Anträge daran scheitern muß. Für viele Naturschützer sind Aufforstungen nur dann akzeptabel, wenn die künftigen Bestände der potentiellen natürlichen Vegetation entsprechen und auf sogenannte standortfremde Baumarten wie die Fichte völlig verzichtet wird. Das ist aus ökonomischen Gründen aber vielfach nicht möglich. Die Anlage forstlicher Energie- und Rohstoffplantagen auf stillgelegten Landwirtschaftsflächen wird erst recht abgelehnt, obwohl dies aus gesamtökologischer Sicht unbestreitbare Vorteile brächte. Denn so könnten begrenzt verfügbare, umweltschädliche fossile Energieträger durch umweltschonendere, nachwachsende Rohstoffe ersetzt werden.

Daneben hat sich eine Koalition aus Naturschützern, Landespflegern und Tourismusmanagern gebildet, für die schon die Schattenwirkung des Waldes auf ein benachbartes Grundstück eine unzumutbare Belastung darstellt und die deshalb das Gespenst einer Zuforstung und Verfinsterung der Landschaft an die Wand malen. Die Absurdität ihrer Argumentation wird überdeutlich angesichts der Tatsache, daß selbst bei Aufforstung von 4 Millionen Hektar der Bewaldungsanteil der Bundesrepublik auf 40 Prozent anstiege und damit gerade das Niveau des Landes Hessen erreichte. In ihrer ideologischen und eigensüchtigen Betrachtungsweise ignorieren diese Gruppen nicht nur globale Zusammenhänge und Erfordernisse, sondern übersehen die Chancen, die sich mit der Umwandlung landwirtschaftlich genutzter Böden in Wald bieten. So ergäben sich daraus eine Zunahme der Artenvielfalt, eine Entgiftung der durch jahrzehntelange intensive Bewirtschaftung mit Pestiziden und Dünger kontaminierten und eutrophierten Böden sowie eine verminderte Bodenerosion. Bei vielen der Diskutanten hat man den Eindruck, daß sie die Beeinträchtigung ihres ästhetischen Empfindens als durchaus gleichrangig mit den existentiellen Bedrohungen der Menschen in den Entwicklungsländern einstufen. Es ist daher eine dringliche Aufgabe der zuständigen Raumordnungsbehörden und Landratsämter, im Einvernehmen mit allen beteiligten Interessengruppen präzise Beschreibungen von Versagungsgründen für Neuaufforstungen zu erarbeiten, die überdies globalökologischen Zusammenhängen gerecht werden.

Ergänzend sei erwähnt, daß die Aufforstungen auch einen Beitrag zur Reduzierung des anthropogenen Treibhauseffektes leisten können. Denn Wälder verbessern durch ihre Eigenschaften nicht nur das Mikroklima, sondern spielen im großräumigen Klimageschehen eine bedeutende Rolle. Die Rodungen in den Tropen tragen durch die Freisetzung des in der Biomasse gebundenen Kohlendioxids (CO_2) etwa 15 Prozent zum zusätzlichen Treibhauseffekt bei. Die an Fläche und Vorrat zunehmenden Wälder der temperierten Zone, in der fast alle Industriestaaten liegen, fungieren dagegen derzeit als Senke für Kohlendioxid und mildern so den Treibhauseffekt ab.

Die Waldflächenmehrung in den Industriestaaten darf jedoch nicht darüber hinwegtäuschen, daß die tatsächlichen Lösungen in den Entwicklungsländern gefunden werden müssen. Berücksichtigt man nicht nur den mit der Bevölkerungszunahme steigenden Nahrungsmittelbedarf, sondern ebenso das knapper werdende Brennholz in der Dritten Welt, dann wird klar, daß nur ein Ausgleich zwischen den landwirtschaftlichen Nutzungsansprüchen und der Walderhaltung eine Lösung bringen kann. In vielen Regionen, wie beispielsweise im Inneren der Türkei, führte die mit der Entwaldung einhergehende Brennholzverknappung und -verteuerung sogar dazu, daß zunehmend getrockneter Dung zur Energiegewinnung verwandt wird und damit nicht mehr als Dünger für die Felder zur Verfügung steht. Man schätzt, daß auf diese Weise weltweit jährlich etwa 400 Millionen Tonnen Dung verbrannt werden und dadurch der Getreideertrag um über 14 Millionen Tonnen gemindert wird. Um alleine dem Brennholzbedarf der Dritten Welt gerecht zu werden, müßten nach einer Studie der Weltbank bis zum Jahr 2000 schnellwachsende Wälder in einem Umfang von insgesamt rund 500 000 km² — das ist etwas mehr als die zweifache Größe der alten Bundesrepublik — angepflanzt werden.

Vielversprechende Ansatzpunkte für einen Interessenausgleich zwischen landwirtschaftlichen Flächen und Waldbeständen bietet die Agroforstwirtschaft, bei der land- und forstwirtschaftliche Nutzung auf einem Grundstück vereint sind. In den verschiedenen Systemen, die teilweise auf traditionelle Bewirtschaftungsverfahren zurückgehen, dienen die Bäume als Schattenspender, schließen Nährstoffe in tieferen Bodenschichten auf, liefern Futtermaterial

für das Vieh und stellen die Versorgung mit Brenn-
oder Bauholz sicher. Je nach System finden land-
und forstwirtschaftliche Nutzung gleichzeitig oder
in zeitlicher Abfolge statt.

Zwar können agroforstliche Systeme nicht
überall und in großflächigem Umfang etabliert
werden, sie stellen aber erste Ansatzpunkte für eine
nachhaltige Bodennutzung dar und bilden in den
Randbereichen der noch intakten Wälder wichtige
Pufferzonen. Gleichwohl muß auch hier sicherge-
stellt sein, daß die Menschen Zugriff auf Landflä-
chen erhalten. Hierzu bedarf es in vielen Ländern
einer Neuordnung der Eigentums- und Nutzungsrechte. Die besten Bedingungen für eine Wende
von exploitativer Nutzung zu nachhaltiger Bewirtschaftung böte die Einführung von staatlich abge-
sichertem Privat- und Familieneigentum oder zumindest von langfristig garantierten Rechten zur
Anpflanzung und Nutzung von Bäumen und
Sträuchern.

Gegen falsche Maßstäbe in der Zusammenarbeit
mit der Dritten Welt: Das Beispiel
der 0,7-Prozent-Entwicklungshilfehürde

Die Propagierung und Verteidigung der Entwicklungshilfe, das Verlangen nach ständig höheren Ka-
pitaltransfers von den Industrieländern in die Dritte
Welt gleicht dem Kampf mit einer Hydra. Kaum ist
ein Argument widerlegt, so der britische National-
ökonom und Entwicklungstheoretiker Lord Peter

T. Bauer, wird es von Dritte-Welt-Lobbyisten im Norden und interessierten Regierungen des Südens sofort durch mehrere neue ersetzt. Dabei scheint es überhaupt nicht zu stören, daß diese oftmals unvereinbar miteinander oder mit ihren Vorläufern sind. Ein besonders weit hergeholtes Argument wurde im Kolumbusjahr 1992 auf den entwicklungspolitischen Markt gebracht: Demnach müßten Entwicklungsgelder als Entschädigung für den während der europäischen Kolonialherrschaft getätigten Sklavenhandel bezahlt werden.

Das europäische Kolonialsystem, das steht außer Zweifel, hatte seine Schattenseiten. Die landwirtschaftliche Erschließung der Karibik und der nordamerikanischen Südstaaten durch Europäer wurde bis Mitte des 19. Jahrhunderts wesentlich durch die Arbeit von Sklaven ermöglicht, die man hauptsächlich an der westafrikanischen Küste gegen Geld oder Waren eintauschte. Allerdings geschah dies im Einverständnis und unter Kooperation mit den dortigen schwarzen Potentaten, die daraus nicht wenig Gewinn zogen. Verständigte man sich darauf, das Unrecht des Sklavenhandels in den ehemaligen Kolonien durch vermehrte Entwicklungshilfe wiedergutzumachen, würden die Sklaven letztlich ein zweites Mal verschachert. Denn wie seinerzeit die Verkaufserlöse für diese bedauernswerten Menschen an ihre Herrscher gingen, so gelangte die Wiedergutmachung an die Regierungen und damit die derzeitigen Machthaber, ohne große Aussichten, daß diese sie etwa in Form von Sozialleistungen an die breite Bevölkerung weitergäben.

Als ähnlich abwegig wie das Sklavenargument ist die sogenannte 0,7-Prozent-Entwicklungshilfe-hürde einzustufen, in der sich die verschiedenen Argumente für staatliche Hilfsgelder an die Dritte Welt zahlenmäßig bündeln. Vor allem zur Bekämpfung der Fluchtursachen in den armen Ländern des Südens und Ostens, so wird hervorgehoben, müsse die Entwicklungshilfe massiv aufgestockt werden; sie müsse jetzt endlich jene 0,7 Prozent des Bruttosozial-produkts (BSP) erreichen, auf die man die Industrie-staaten seit Jahrzehnten, besonders spektakulär beim UNO-Umweltgipfel in Rio de Janeiro 1992, zu ver-pflichten versucht. Daß man dabei die Ausgaben ei-nes Landes für Entwicklungshilfe nicht am Umfang des Staatshaushalts mißt, sondern sie auf das wesent-lich höhere Bruttosozialprodukt bezieht, ist nach Siegfried Kohlhammer ungefähr so logisch, als gäbe man die Strecke von Frankfurt nach München als Prozentzahl der Entfernung der Erde vom Mond an. Es gibt für diese obskure Bemessungsgrundlage kei-nen anderen Grund als den, die Höhe der Hilfe mög-lichst hochzutreiben, aber gleichzeitig ihren in Pro-zentzahlen ausgedrückten relativen Wert herunter-zuspielen. Am Beispiel des deutschen Bruttosozial-produkts und Staatshaushalts des Jahres 1992 soll dies verdeutlicht werden: Betrug das BSP etwas über 3000 Milliarden DM, so belief sich der Staatshaushalt auf rund 430 Milliarden DM. Wenn man die staatli-che Entwicklungshilfe, die sich 1992 in einer Grö-ßenordnung von ungefähr 12 Milliarden DM be-wegte, auf das Bruttosozialprodukt bezieht, ergibt das einen Prozentsatz von nur 0,39. Nimmt man dagegen, wie das bei allen anderen Ausgabenposten der Bundesregierung üblich ist, den Staatshaushalt als Bezugsgröße, dann errechnen sich für den gleichen Zeitraum etwa 3 Prozent an geleisteter staatlicher Entwicklungshilfe.

Wie kam es überhaupt zu den von allen möglichen Seiten so kritiklos beschworenen 0,7 Prozent? Nun, zu Beginn der entwicklungspolitischen Debatte Mitte der fünfziger Jahre galt die von einigen angelsächsischen Journalisten verbreitete These, die Dritte Welt könne mit dem Westen in 20 Jahren wirtschaftlich gleichziehen, wenn dieser ihr jährlich ein Prozent seines Bruttosozialprodukts zukommen ließe. Diese Prognose war natürlich Musik in den Ohren der UN, wo, so der Soziologe Helmut Schoeck, „die Stimme einer halben Insel mit der Einwohnerzahl von Heilbronn oder Konstanz dasselbe Gewicht hat wie die Stimme der USA oder der Bundesrepublik". Da sich ein Prozent nun doch etwas zu glatt anhörte, einigte man sich schließlich auf die — wissenschaftlicher klingenden — 0,7 Prozent. Eine Rolle mag dabei gespielt haben, daß die heilige Zahl sieben in vielen Kulturen von einer gewissen Magik geprägt ist, der sich, so wahrscheinlich die unausgesprochene Hoffnung, letztlich die westlichen Geberländer nicht verschließen könnten.

Wenn von Entwicklungshilfe die Rede ist, werden stets nur die öffentlichen, sprich staatlichen Entwicklungshilfeleistungen (Official Development Assistance) in Ansatz gebracht. Danach transferierte die Bundesrepublik Deutschland im Zeitraum von 1985 bis 1992 zwischen 0,39 und 0,47 Prozent ihres jährlichen Bruttosozialprodukts in die Dritte Welt. Wird freilich auch die private Entwicklungshilfe in Betracht gezogen, berücksichtigt man also, was Kirchen, Verbände, Stiftungen, Firmen, Privatpersonen etc. aus Eigenmitteln oder Spenden zur Verfügung stellen, so sieht das Bild wesentlich anders aus. Der Anteil der deutschen Entwicklungshilfe am Bruttosozialprodukt des Landes bewegt sich dann bereits seit 1967 meist im Bereich von etwa 1 Prozent. So geht es aus dem vom Bundesministerium für wirtschaftliche Zusammenarbeit und Entwicklung (BMZ) alljährlich herausgegebenen „Journalisten-Handbuch Entwicklungspolitik" hervor. Dabei ist hier mindestens zweierlei zu bedenken: Zum einen sind in den Zahlen des BMZ bei weitem nicht alle privaten Entwicklungsinitiativen erfaßt, vor allem jene nicht, die ohne staatliche Zuschüsse arbeiten. Zum anderen ist gerade private Entwicklungshilfe auf vielen Gebieten mindestens so effizient wie öffentliche. Dies trifft besonders auf kirchliche Projekte zu, wo Missionare alten Schlags mit viel Zeit — sie sind oft ein ganzes Leben in der Entwicklungsregion tätig — und wenig Kapital Erstaunliches zuwege bringen, sei es im schulischen, landwirtschaftlichen, handwerklichen oder medizinischen Bereich. Daß dabei kirchliche Kleinprojekte obendrein wesentlich umweltverträglicher sind als so manches Großprojekt der staatlichen Entwicklungshilfe, zeigen viele Beispiele. Die Kirche hat sich jedenfalls bei ihrer Entwicklungsarbeit von jeher ökologisch verhalten, sie trug schon zu einer Zeit dem Umweltgedanken Rechnung, in der andere Kreise, die sich jetzt verbal besonders umweltbewußt geben, weder das Problem noch den Begriff kannten.

Es ist absolut unverständlich, warum sich die deutsche Regierung die Anschuldigungen wegen angeblich zu niedriger Entwicklungshilfeleistungen gefallen läßt und nur die öffentlichen Gelder in die Bewertung einbezieht. Wenn schon Entwicklungshilfe am gesamten erwirtschafteten Sozialprodukt des Geberlandes gemessen wird, dann müssen logischerweise sämtliche Leistungen für die Dritte Welt in diesen Vergleich einfließen. Es geht hier nicht um kleinliches, krämerhaftes Aufrechnen jeder zur Verfügung gestellten Mark, aber es müssen bei dieser Diskussion die Berechnungsgrundlagen und Größenordnungen stimmen. Unvollständige, ja falsche Zahlen werden über kurz oder lang die Bereitschaft, der Dritten Welt zu helfen, erst recht schwächen und zunehmend erlahmen lassen.

Wer nur die staatlichen Mittel als Hilfe für die Dritte Welt gelten läßt, bringt zudem unmißverständlich zum Ausdruck, daß die mannigfaltigen privaten Entwicklungsleistungen — die Deutschen sind mit jährlich etwa 4 Milliarden DM eines der spende- und gebefreudigsten Völker der Welt — im Grunde wenig wert, also überflüssig sind. Dies ist nichts anderes als ein Schlag ins Gesicht der großen Zahl von Menschen, die, um spenden zu können, bewußt auf die Erfüllung eigener Wünsche verzichten.

So richtig die Feststellung ist, daß die Ressourcen, die Technologie und das Wissen des industrialisierten Nordens den armen Ländern aus der Misere helfen können, so falsch ist die Annahme, dies sei ausschließlich mittels staatlicher Geschenkaktionen zu erreichen. Ökonomisch sinnvolle und nachhaltig arbeitende Produktionsstätten können letztlich nur von freien, sich an den Märkten orientierenden Unternehmern geschaffen werden. Wenn nicht einmal in den hochentwickelten Industrienationen der Staat den Unternehmer ersetzen kann, um wieviel mehr trifft dies auf die maroden Exekutiven vieler Entwicklungsländer zu.

Entwicklungshilfe muß, wenn wirklich eines ihrer Ziele darin bestehen soll, Arbeitsplätze zur Milderung der Fluchtursachen in den Armutsregionen zu schaffen, wenn sie Hilfe zur Selbsthilfe sein soll, weitgehend von Unternehmern und ihren Investitionen konzipiert und durchgeführt werden. Diese Hilfe verlöre zwar, das sei gerne zugegeben, einiges von dem philantropischen, scheinbar selbstlosen Anstrich, mit dem sich die bisher praktizierte Entwicklungshilfe schmückt. Auch ginge dadurch nicht wenigen sogenannten Entwicklungsexperten sowie anderen selbststilisierten Dritte-Welt-Freunden das Betätigungsfeld verloren. Aber das brächte, außer für sie, nicht nur keinen Schaden, sondern wäre nach aller Erfahrung mit erheblichem Nutzen für die wirtschaftlich unterentwickelten Länder verbunden. Denn es würde sich dann um Hilfeleistungen handeln, die diesen Namen wirklich verdienen. Angesichts der gefährlich zunehmenden Wanderungsbewegungen in Richtung Norden und Westen darf die Parole nicht heißen „Mehr staatliche Entwicklungshilfe", sondern sie muß lauten „Mehr unternehmerische Initiative und größere Investitionen in den armen Ländern".

Um dieses Ziel zu erreichen, müßten die Regierungen in vielen Entwicklungsländern ihr Verhalten wie ihre Wirtschaftspolitik ändern. Darüber hinaus müßten die Geberländer die Aktivitäten ihrer Firmen in den Entwicklungsländern mehr als bisher unterstützen. Dies zum Beispiel durch die vor Ort tätigen Botschaften. Hier liegt vieles im argen und bedarf dringender Verbesserungen. Bisher werden risikofreudige und investitionswillige Unternehmer dort allzuoft nur als lästige Bittsteller betrachtet — und entsprechend behandelt.

Die besten Entwicklungshelfer, darauf weist mit Recht der erfahrene Wirtschaftswissenschaftler Heinz-Dietrich Ortlieb hin, sind diejenigen, die das Entwicklungsland als ihre Heimat ansehen. Ein gutes Beispiel dafür sind — trotz mancher Vorbehalte — die Weißen in Südafrika und Namibia, wobei es sich im letzteren Fall überwiegend um Deutsche handelt. Die Weißen im südlichen Afrika, die dort mit ihren Familien ständig leben, sind nolens volens an der Prosperität ihrer Wahlheimat wesentlich stärker interessiert als sich noch so altruistisch gebende Entwicklungsexperten auf Zeit. Diese haben gegenüber den Einheimischen, so Ortlieb, „den Nachteil, daß sie nur begrenzte Zeit im Lande bleiben und meist entweder zuviel Ideologie oder zuwenig Sachverstand oder genügend Sachverstand, dann aber zu teuren, mitbringen. Auch kann es sie kaum noch kümmern, was aus ihren Projekten wird, wenn sie nach drei bis zehn Jahren das Land wieder verlassen haben." Die wirtschaftliche Lage Südafrikas und Namibias vor Augen, kann jedenfalls festgestellt werden, daß die dort von aller Welt jahrelang nur als Rassisten und Unterdrücker verteufelten Weißen mehr zur Entwicklung und damit auch zum Wohl ihrer schwarzen Mitbürger beigetragen haben, als dies jede noch so großzügige Entwicklungshilfe des Westens je vermocht hätte.

Vor diesem Hintergrund kann man nur mit Skepsis verfolgen, wenn die SPD die 0,7-Prozent-Entwicklungshilfehürde gesetzlich verankern will oder wenn Bündnis 90/Die Grünen diese Hilfe schrittweise gar auf einen Anteil von 1 Prozent am Bruttosozialprodukt hochtreiben wollen. Abgesehen davon, daß dies wiederum die raffinierte Verquickung mit dem im Vergleich zum Bundeshaushalt wesentlich höheren Bruttosozialprodukt bedeutet, wird einmal mehr das Pferd am Schwanz aufgezäumt. Wirklich sinnvolle Hilfe sollte doch danach gewährt werden, wie aufnahmefähig die Dritte Welt für Unterstützung ist; sie dürfte sich erst in zweiter Linie an der (vermeintlichen) Großherzigkeit der Geber orientieren. Damit ist jetzt schon eine Reihe von Entwicklungsländern überfordert: Darlehensberge nicht abgerufener Dollarmilliarden, beispielsweise bei der Weltbank, sind bezeichnend für die institutionellen Mängel in vielen Teilen der Dritten Welt.

Wer die entwicklungspolitische Praxis kennt, weiß, daß gerade in den ärmsten Ländern die Schwierigkeit nicht darin besteht, an Gelder für Entwicklungsprojekte heranzukommen, sondern daß es umgekehrt an vernünftigen Projekten fehlt. Nicht

Kapitalmangel ist das Problem. Im Gegenteil, in nicht wenigen Fällen kann zugesagte Hilfe gar nicht untergebracht werden, weil die Voraussetzungen nicht gegeben sind, um Mittel vernünftig einzusetzen. Derjenige, der selbst erlebt hat, wie aufgrund des Phlegmas von Dritte-Welt-Administrationen zwischen Projektvorschlag und Projektbeginn häufig mehrere Jahre verstreichen, und wie sich die Repräsentanten von Hilfsorganisationen gegenseitig die guten Projekte abzujagen versuchen, kann keinen Sinn darin entdecken, die Mittel dafür zusätzlich aufzublähen. „Warum", so fragt Hans-Gert Braun, „wird immer wieder das völlig inadäquate 0,7-Prozent-Ziel bemüht . . ., wo doch die derzeitige Entwicklungshilfe vor allem ein Problem hat, nämlich: gute Verwendungszwecke, gute Projekte für sie zu finden?"

Mit einer gesetzlichen Verankerung der Höhe der Entwicklungshilfe würde diese nicht nur weiter verbürokratisiert, sondern dem Anspruchs- und Versorgungsdenken der Regierungen von Entwicklungsländern zusätzlich Vorschub geleistet. Zudem würde in der Dritten Welt das soziale und wirtschaftliche Leben noch mehr politisiert, als dies ohnehin schon der Fall ist. Denn durch gesetzlich zugesicherte Hilfe werden Energie und Arbeitseinsatz von der produktiven Tätigkeit weg verstärkt in den politischen Bereich gelenkt. Die Herstellung von Gütern wird damit noch unwichtiger; alles wäre von der Frage beherrscht, wie man möglichst schnell und erfolgreich an die Hilfsgelder herankommt. Die schädliche Vetternwirtschaft nähme weiter zu, statt daß sie

abgebaut würde. Höhere staatliche Entwicklungshilfe verschafft außerdem den meist diktatorischen
Regierungen der Empfängerländer mehr Macht und
Einfluß, verstärkt somit deren Gewalt über die Bevölkerung. Auch dies ist einem gedeihlichen Wirtschaftsleben im allgemeinen nicht zuträglich. Der
häufig krisengeschüttelte ostafrikanische Staat
Ruanda, um ein besonders krasses Beispiel anzuführen, war bis zum Ausbruch des Bürgerkriegs im
Frühjahr 1994 mit Entwicklungshilfeprojekten
nachgerade zugepflastert. Die Kämpfe zwischen den
verfeindeten Stämmen Hutu und Tutsi finden nicht
zuletzt um den Zugriff auf Entwicklungsgelder statt.

Entwicklungshilfe kann somit statt Befriedung
auch Unfrieden stiften, und zwar zwischen denen,
die Zugang zu den Geldtöpfen haben, und jenen, die
sich diesen Zugang erkämpfen wollen. Im Falle
Ruandas trug neben der Bevölkerungsexplosion —
die Zahl der Einwohner des Kleinstaates hat sich in
den vergangenen 40 Jahren mehr als verdreifacht,
und zwar von 2,3 Millionen (1954) auf 7,8 Millionen
Menschen (1994) — die Entwicklungshilfe dazu bei,
daß das Land noch tiefer in die Krise trieb. Im Interesse der Menschen in der Dritten Welt ist zu hoffen,
daß es nicht zu einer gesetzlichen Fixierung der Entwicklungshilfe kommt. Die Effizienz dieser staatlichen Zwangshilfe, das sollte klargeworden sein,
würde die guten Absichten konterkarieren.

Nicht ungesagt darf bleiben, daß in den allermeisten armen Ländern ungenutzte Reserven für wirtschaftliche und soziale Entwicklung vorhanden sind
bzw. vorhanden wären, wenn sie von deren Eliten

nicht außer Landes geschafft würden. Einer der größten Immobilienbesitzer Londons ist beispielsweise ein Finanzier aus Bangladesch, bekanntermaßen eines der ärmsten Länder der Erde. In Pakistan beobachtete der Dritte-Welt-Publizist Reinold E. Thiel ähnliches: „Am Ende der Reise sind wir beim deutschen Botschafter im luxuriösen Islamabad. Es gäbe soviel Reichtum in Pakistan, sagt der, daß das Land seine Entwicklung durchaus selbst bezahlen könnte. Aber die Bekämpfung der Armut überlassen die pakistanischen Reichen lieber der Entwicklungshilfe." Die reichen „Armen" der Entwicklungsländer verlassen sich hier also voll auf die armen „Reichen" der Industrieländer. Denn die meisten westlichen Steuerzahler und Spender, mittels deren Geldes Entwicklungshilfe finanziert wird, sind allemal absolut ärmer als die Angehörigen der Dritte-Welt-Eliten. Es muß deshalb, wie Hans Magnus Enzensberger in *Die große Wanderung* beschreibt, nicht nur das Niveaugefälle zwischen armen und reichen Ländern beseitigt werden, sondern auch jenes zwischen den Armen und Reichen in den armen Ländern.

Hinter der (scheinbaren) Großzügigkeit, die man sich mit der Erfüllung der 0,7-Prozent-Marke leisten will, stecken im Grunde entwicklungspolitische Ignoranz und Gleichgültigkeit gegenüber den wirklichen Sorgen der Dritten Welt. Man meint, allein mit mehr Geld könnte das „Unternehmen Entwicklungshilfe" (Franz Kromka und Walter Kreul) die Dinge zum Guten wenden, könnten die Probleme beseitigt werden. Diesem Trugschluß sind schon die Erfinder der 0,7-Prozent-Hürde vor nunmehr

40 Jahren aufgesessen. Es würde beiden Seiten, Dritter und Erster Welt, nützen, wenn man von der alles beherrschenden, aber sinnlosen Debatte über diese Prozenthürde wegkäme. Man sollte sich vielmehr darauf konzentrieren, wie denn die vorhandenen Mittel zum Wohle der Menschen in den Entwicklungsländern besser, d. h. wirkungsvoller eingesetzt werden können und damit weniger zur Finanzierung von Dritte-Welt-Machthabern sowie einer Mitleidsindustrie dienen, die sich besonders penetrant im Entwicklungshilfe-Tourismus einer reisefreudigen Politiker- und Funktionärskaste artikuliert.

Die Dritte Welt — im Windschatten des Energie- und Rohstoffverbrauchs des Nordens

Beim Erhalt und der Wiederherstellung unserer natürlichen Umwelt beginnt sich, das hat nicht zuletzt der UNO-Umweltgipfel von Rio de Janeiro 1992 gezeigt, so etwas wie ein globales Naturbewußtsein herauszubilden. Allerdings geht dieser an und für sich erfreuliche Trend mit einseitigen Schuldzuweisungen einher: Es entsteht die sich hartnäckig haltende Legende, der industrialisierte Norden sei für alle Fehlentwicklungen der Alleinschuldige. Dem könnte man ironisch entgegenhalten, daß natürlich nur der Fehler machen kann, der Dinge in Bewegung setzt. Wer die Hände in den Schoß legt und ein beschauliches Leben führt, tut auch nichts Verkehrtes. Deswegen kann er aber noch lange nicht Maßstäbe dafür setzen, was richtig oder was falsch ist.

Die Vernichtung von Natur und Umwelt sowie der Verbrauch von Rohstoffen und Energie, so wird vielfach suggeriert, würden ausschließlich durch die Produktionsprozesse und das Konsumverhalten in den Industrieländern hervorgerufen. Ob es sich um die zunehmende Verunreinigung von Wasser, Luft und Boden, die sich abzeichnende weltweite Erwärmung oder um die Vergrößerung des sogenannten Ozonlochs handelt — allein der Norden wird dafür verantwortlich gemacht. Betrachtet man die Zahl und Größe seiner Fabrikationsstätten, den Waren- und Güterausstoß, die Naturalerträge in der Landwirtschaft sowie den allgemein hohen Lebensstandard von Nordamerikanern, Europäern und Japanern, so scheint diese Einschätzung der Lage — zumindest auf den ersten Blick — tatsächlich zu stimmen. Denn die Dritte Welt, insbesondere Schwarzafrika, aber auch nicht wenige asiatische und lateinamerikanische Länder, liegt in allen genannten Bereichen weit zurück. Sind deshalb die Entwicklungsländer von jeglicher Schuld an der immer wahrscheinlicher werdenden ökologischen Katastrophe freizusprechen? Gehören nur die Industrieländer als Verschwender und Verschmutzer auf die Anklagebank? Müssen nur sie ihr Verhalten ändern?

Die Staaten des Nordens erzeugen Waren, Güter und technische Verfahren, die zu einem nicht geringen Teil in Entwicklungsländer geliefert und dort ge- und verbraucht werden. So wird etwa in den meisten schwarzafrikanischen Ländern buchstäblich alles, was die heutige Lebens- und Arbeitswelt der Menschen bestimmt, von Telefonanlagen, Radios über Fernsehgeräte, Kühlschränke, Autos, Flugzeuge, Schreibmaschinen, Batterien, Medikamente bis hin zu sanitären und sonstigen Einrichtungen für den Innenausbau von Gebäuden, aus den Industrieländern bezogen. In jedem dieser Waren und Gegenstände, ohne die auch das Leben vieler Bewohner der Dritten Welt nicht mehr vorstellbar ist, stecken für Produktion sowie für Transport ungemein hohe Aufwendungen an Energie und Rohstoffen. Deren Verbrauch geht aber einseitig auf das Konto des Nordens, obwohl die Waren für den Süden hergestellt werden.

Technischer und wissenschaftlicher Fortschritt auf allen nur denkbaren Gebieten, Verfahren des Umweltschutzes und der sparsameren Nutzung von Rohstoffen eingeschlossen, werden nach wie vor fast ausschließlich von den Industrieländern entwickelt und praxisreif gemacht. Von Schwarzafrika zumal wurde dazu bisher praktisch kein Beitrag geleistet. Die Erforschung und Entwicklung neuer Produkte und Technologien, als aktuelles Beispiel sei die FCKW-freie Kältetechnik genannt, verlangen vom Norden ebenfalls einen stetig wachsenden Aufwand an Ressourcen jeglicher Art. Von den Ergebnissen profitieren aber ebenso die Entwicklungsländer.

Die Landwirtschaft der entwickelten Länder stellt jahraus, jahrein beträchtliche Mengen an Nahrungsmitteln für die Dritte Welt zur Verfügung, und dies nicht nur in Katastrophenfällen. Ohne den hohen Einsatz an modernen Betriebsmitteln wie Maschinen, hochwertigem Saatgut, Mineraldünger und Chemikalien wären aber die dafür erforderlichen

Ernteüberschüsse, von denen das Leben nicht weniger Menschen in den Entwicklungsländern abhängt, nicht zu erbringen. Darüber hinaus ist es zum allergrößten Teil der industrialisierte Norden, der für die weltumspannenden Transportverbindungen und für Kommunikation zwischen den Ländern und Kontinenten sorgt. Auch dafür sind zweifellos enorme Mengen an Rohstoffen und Energie nötig.

Obwohl die vielfältigen Ergebnisse der Arbeit der Industrieländer in aller Welt genutzt werden, ja viele der Entwicklungsländer geradezu darauf angewiesen sind, lastet man den dafür notwendigen Aufwand stets nur dem Norden an. Die Dritte Welt lebt somit auf weite Strecken im Windschatten, um nicht zu sagen als Trittbrettfahrer des Rohstoff- und Energieverbrauchs der Industrieländer, hat aber keinerlei Hemmungen, den Norden wegen eben dieses Ressourcenverbrauchs an den Pranger zu stellen.

Darauf hinzuweisen ist in diesem Zusammenhang, daß ohne die Erfindungen in den westlichen Ländern und ohne den daraus resultierenden Bedarf an Grundstoffen die wirtschaftliche Lage so mancher Entwicklungsländer noch wesentlich schlechter wäre. Erdöl beispielsweise, das zu einem Großteil in der Dritten Welt gefördert wird, ist erst durch westliche Technologie wertvoll geworden. Ohne diese wäre es nicht viel mehr als eine übelriechende Flüssigkeit. Würde ein Substitut für Erdöl gefunden, wäre das für die Dritte Welt eine ökonomische Katastrophe. Auch hat die Dritte Welt ihre wirtschaftliche Entwicklung und die damit unter Umständen einhergehende Umweltzerstörung wahrlich nicht aus ökologischen Überlegungen gebremst. Sie war dazu schlichtweg nicht in der Lage. Absolut nichts spricht dafür, daß sie sich anders als die Industriestaaten verhalten würde, hätte sie nur deren technologischen Standard. Mit dem Wilhelm-Busch-Zitat „Man preise nie als Sittlichkeit, was Mangel an Gelegenheit!" ist der Sachverhalt im Grunde hinreichend charakterisiert.

Auf dem Gebiet der Umweltverschmutzung kultiviert man ebenfalls eine das Verhalten der Entwicklungsländer beschönigende Sichtweise. Beispiele wie etwa São Paulo oder Lagos zeigen aber, wie die durch Bevölkerungszunahme und Landflucht rasch wachsenden industriell-urbanen Ballungsräume der Entwicklungsländer gravierende Umweltbelastungen hervorrufen. Wer selbst einmal gesehen hat, wie manche Städte in der Dritten Welt Müll und Abwässer entsorgen, wird dies vermutlich nie mehr vergessen. Mangels funktionsfähiger Kläranlagen werden Abwässer einfach in Flüsse, Seen oder Küstengewässer geleitet, Abfälle landen auf chaotischen Deponien. Giftige Chemikalien, Schwermetalle und Krankheitserreger verseuchen Oberflächen- und Grundwasser, das die arme Bevölkerung häufig ungeklärt verwenden muß. Dabei ließe sich nicht selten, selbst ohne großen Mittel- und Technologieeinsatz, sehr vieles verbessern. Es fehlen allzuoft der gute Wille und die Einsicht in die Zusammenhänge. Und obwohl die teilweise geradezu grauenhafte Luftverschmutzung in Dritte-Welt-Großstädten — man erinnere hier nur an Mexiko-City — allgemein bekannt ist, wird weiter am Klischee festgehalten, die industrialisierten Länder seien die alleinigen Umweltsünder.

Auch beim Energieverbrauch ist man in der Dritten Welt häufig nur allzu großzügig. „Tatsächlich", so Timm Krägenow, „sind die Entwicklungsländer große Energieverschwender: Ein Viertel der chinesischen Eisen- und Stahlfabriken arbeitet mit höchst ineffizienten offenen Schmelzöfen, in Pakistan betragen allein die Verluste beim Stromtransport in den Leitungen 28 Prozent, in Nigeria verbrauchen Autos durchschnittlich 18 Liter pro hundert Kilometer. Im Süden rattert und brummt die Technik von vorgestern, die überdies mit unnötig hohen Brennstoffkosten den chronischen Devisenmangel dieser Länder verschärft."

Aber es ist nicht nur die veraltete Technologie, die zu beklagen ist. Hinzu kommt die in vielen Teilen Schwarzafrikas und Südamerikas, weniger in Asien, zu beobachtende allgemeine Lässigkeit im Umgang mit Ressourcen, die sich in nichts vom Norden unterscheidet. Im landwirtschaftlichen Bereich betrifft dies den Einsatz von Wasser und Chemikalien. Man ist immer wieder erstaunt darüber, wie sorglos mit diesen Betriebsmitteln verfahren wird, selbst dort, wo Knappheitssituationen eigentlich schon im ureigensten Interesse jedes einzelnen zu sparsamer Nutzung anhalten müßten.

Auf der anderen Seite, das sei gerne zugegeben, findet man in der Dritten Welt überraschende Beispiele für die Weiterverwertung und -verarbeitung von Dingen, die bei uns als Abfallgut gelten. Wer kennt nicht die Sandalen aus alten Autoreifen oder die verschiedenen Dekorations- und Gebrauchsgegenstände, die aus Dosen oder sonstigen in der Ersten Welt achtlos weggeworfenen Behältern angefertigt werden? Daß aber die Entwicklungsländer, wie das von eher blauäugigen denn sachkundigen Dritte-Welt-Enthusiasten propagiert wird, eine Vorbildfunktion und Vorreiterrolle bei der sorgsamen Nutzung der begrenzt verfügbaren Grundstoffe und im Umweltschutz übernommen hätten, kann trotz einiger positiver Beispiele nicht behauptet werden.

Übersehen wird bei der einseitig zu Lasten der Industrienationen geführten Diskussion um Ressourcenverbrauch und Schadstofferzeugung, daß die Menschen der überwiegend in den kälteren Zonen gelegenen Industrieländer für Häuser, Kleidung und Heizung notgedrungen mehr Energie aufwenden müssen, als dies in den meist tropischen Entwicklungsländern der Fall ist. So gehen in Deutschland etwa 43 Prozent des Gesamtenergieverbrauchs auf das Konto Winterheizung. Des weiteren muß im Norden bezüglich Nahrungsmittelvorsorge eine wesentlich ausgeprägtere Vorratshaltung betrieben werden als in manchen Ländern der Dritten Welt, wo jährlich zwei oder sogar drei Ernten eingebracht werden können.

Der Norden wird dagegen jedes Jahr durch strenge und lange Winterperioden heimgesucht. Die Dritte Welt sollte ohne Überheblichkeit einmal daran erinnert werden, daß auch andernorts Unbilden der Natur zu bewältigen sind. Die dafür notwendige umfangreiche Nahrungsmittelvorratshaltung des Nordens, von der die Dritte Welt in nicht geringem Maße profitiert, verursacht weitere hohe Energieaufwendungen, die durch die Industrieländer zu tragen sind und nur ihnen angerechnet werden.

Bei einer gerechteren, den tatsächlichen Verhältnissen besser entsprechenden Zurechnung der verbrauchten Ressourcen und der produzierten Schadstoffe müßten instrumentalisierte Fehlmeinungen, die den Norden als alleinigen Verschwender und Verschmutzer erscheinen lassen, revidiert werden. Aber an einer solchen Richtigstellung scheint offensichtlich die weitverzweigte Entwicklungshilfelobby wenig interessiert zu sein. So drängt sich der Verdacht auf, daß die Umweltdiskussion bewußt einseitig geführt wird, um auf diese Weise einem moralisch in die Defensive gedrängten Norden noch mehr Gelder abringen zu können.

Degeneriert trotz (oder gerade wegen?) des steigenden Naturbewußtseins die Umwelt zusehends zu einem Erpressungsmittel der Dritten gegenüber der Ersten Welt? „Der Süden", so folgert der Wissenschaftsjournalist Konrad Adam, „hat den Preis des Fortschritts erkannt und nutzt seine Entdeckung, um den Norden zu schröpfen. Gewiß haben der Reichtum der westlichen Welt, ihr bis zum Überfluß gesteigerter Wohlstand von ihrer Anziehungskraft nichts verloren; aber wenn die Dritte Welt heute davon spricht, auf dem Weg zu diesem Ziel die gleiche Technik zu verwenden wie die Erste, dann klingt das weniger nach Verheißung als nach Drohung. Die armen Staaten haben eingesehen, daß man nicht unbedingt Atomwaffen braucht, um andere Länder zu erpressen; die Umweltwaffe tut es auch."

Zweifelsohne ist der Umgang mit den natürlichen Ressourcen in den Industrieländern zum großen Teil noch absolut verschwenderisch, müssen vermehrt Rohstoffe und Energie eingespart sowie der Schadstoffausstoß vermindert werden. Es gibt dafür, im persönlichen Bereich angefangen bis hin zur Großindustrie, riesige Spielräume für Verbesserungen. Diese Tatsache darf aber nicht dazu benutzt werden, die Entwicklungsländer von jeglicher Schuld freizusprechen. Vielmehr muß eine solidarische Umweltpartnerschaft entstehen, bei der es die Pflicht des Nordens ist, sein Wissen und seine technologischen und finanziellen Mittel einzusetzen. Dies funktioniert aber, ebenso wie im Falle der Tropenwaldproblematik, nicht auf der Basis gegenseitiger Anschuldigungen und mehr oder weniger unverblümter Erpressungsversuche, sei es durch Regierungen in unterentwickelten Regionen oder durch die Entwicklungshilfelobby im Norden. Nur wenn Industrie- und Entwicklungsländer ohne Mißtrauen und Schuldvorwürfe zusammenarbeiten, können die Probleme angepackt und gelöst werden. Viel Zeit ist dafür auf unserer mit jedem Tag enger werdenden Erde nicht mehr vorhanden.

Europa — Ursache und Sündenbock für alle Übel dieser Welt?

Die Diskussion über die Rolle Europas in der Welt von heute ist auf weite Strecken durch zwei gegensätzliche Sichtweisen gekennzeichnet. Während für die eine Seite, die „Eurozentristen", Europa oder westliches Denken schlechthin die Meßlatte darstellt, nach der sich alles übrige zu richten hat, fallen viele Intellektuelle oder Ideologen ins andere Extrem: Für sie, die „Euromasochisten" (Gerd-Klaus Kaltenbrunner), sind Europa und das aus ihm hervorgegangene Nordamerika die Quelle jedweden Bösen, was auf dieser Erde existiert, angefangen vom Kolonialismus bis hin zu Kapitalismus und moderner Technik. Dabei käme keiner dieser Euromasochisten, so Kaltenbrunner, „auch nur auf den Gedanken, die europäische Kultur zu verteidigen. Sie akzeptieren mit masochistischer Ergebenheit die Äußerungen unaufgeklärten Hasses und bodenloser Demagogie, mit denen manche Politiker der Dritten Welt alles Europäische überziehen. Kolonialismus, Kapitalismus, Imperialismus, Rassismus, Technisierung, Industrialisierung und ökologische Krise — dies seien die grauenvollen und unmenschlichen Folgen europäischer Geschichte, unter denen insbesondere die außereuropäische Menschheit leide."

An diesem von Kaltenbrunner beschriebenen Tatbestand hat auch die nunmehr über 40 Jahre andauernde, alles in allem betrachtet doch recht großzügige Entwicklungshilfe wenig zu ändern vermocht. Zumindest unter den Machthabern in den Entwicklungsländern konnte sich der Norden durch diese Hilfe kaum Freunde machen. Häufig tritt das Gegenteil ein, nämlich Aggressivität und Undankbarkeit, gepaart mit Anspruchs- und Versorgungsdenken. Geschenke werden bekanntlich noch rascher verdrängt als Niederlagen. Wird Entwicklungshilfe in Form von Krediten gewährt, so zeigen sich diese Eigenschaften spätestens bei der Rückzahlung der Gelder, ein Phänomen, das durchaus auch im Verkehr zwischen Individuen auftritt. Die alte Erfahrung, man solle sich vor denen hüten, die einem zu Dankbarkeit verpflichtet sind, trifft offensichtlich für den Bereich der Dritte-Welt-Hilfe in besonders ausgeprägtem Maße zu. Es ist wohl häufig so, daß man gegenüber denjenigen, denen man sehr viel verdankt, zu Minderwertigkeitskomplexen oder sogar zu einem schlechten Gewissen neigt und folglich aggressiv reagiert. Der Schriftsteller Manès Sperber bezeichnete diese Art der Undankbarkeit als eine der niederträchtigsten Formen individueller wie nationaler Selbstbehauptung.

Weit entfernt davon, eine eurozentristische Position zu vertreten, aber ebenso im klaren Gegensatz zu euromasochistischen Anschauungen, muß den Entwicklungsländern deutlich gemacht werden, daß sie von Europa mannigfaltig lernen können. Dabei sollten die schmerzlichen sowie äußerst kostenreichen Lern- und Erfahrungsprozesse, die der europäische Kontinent selbst durchzumachen hatte, durchaus nicht vergessen werden. Ebensowenig sollte vergessen werden, „daß nicht nur Überlegenheitsgefühl und Machtanspruch zur Erbschaft der durch Europa geprägten westlichen Kultur gehören — genausogut zählen dazu die Kritik und Selbstkritik an beidem: die Entdeckung der Menschenrechte (die ohne die christliche Vergangenheit nicht denkbar wäre), die Konstituierung des Völkerrechts. Mit einem Wort: Das ganze geistige Instrumentarium zur Überwindung der unguten Seiten abendländischer Tradition stammt aus eben dieser Tradition" (Helmut Kremers). Wer zustimmt, daß der Standard westlicher Technik, Politik und Kultur, so unzulänglich und fehlerhaft er zum Teil sein mag, ein verbesserungs- und verbreitungswürdiges Gut ist, der wird, um noch einmal Helmut Kremers zu zitieren, „der Frage, was er zu seiner Durchsetzung zu tun bereit ist, nicht ausweichen können".

Ein Teil des Instrumentariums, das dazu dienen kann, die unguten Seiten europäischer Tradition korrigieren zu helfen, soll in den folgenden Abschnitten etwas näher betrachtet werden. Der Themenstellung des Bandes gemäß und den beruflichen Neigungen der Autoren entsprechend handelt es sich dabei vorwiegend um Entwicklungen im land- und forstwirtschaftlichen Bereich sowie um die Auseinandersetzung mit einigen Vorwürfen, die sich daraus ergeben. Es wird aber auch der Frage nachgegangen, ob wir Lebensgewohnheiten ändern müssen oder inwieweit Marktwirtschaft, Demokratie und

Unternehmertum zur Lösung der Probleme beitragen können. Wenn dadurch sowohl Eurozentristen als auch Euromasochisten, denen es offenbar beiden an historischem und dynamischem Denken fehlt, zu kritischer Neubesinnung gebracht werden könnten, wäre schon einiges erreicht.

Unsere Landwirte — Umweltfrevler und Tierschinder?

Mit der an sich begrüßenswerten Sensibilisierung der Menschen für Natur und Umwelt geht eine Herabsetzung der Bauern einher, also jenes Berufsstandes, der wie kein anderer über Jahrtausende hinweg eben diese unsere Umwelt mitgeschaffen, gehegt und gepflegt hat. Die Diskussion wird dabei weitgehend kontrovers, um nicht zu sagen unsachlich geführt. Am Beispiel der Almen, eines wichtigen Bestandteils der Alpenlandschaft, mag dies verdeutlicht werden. Hier reicht die Palette der Meinungen von der Ansicht, daß aufgelassene, nicht mehr bewirtschaftete Almen der Verkarstung und Erosion anheimfallen würden, bis hin zur total gegenteiligen Behauptung, gerade das Weidevieh stelle als schädliches Trampeltier den Hauptzerstörer der Bergwelt dar.

Darüber hinaus wird die Landwirtschaft zusehends gescholten, weil sie, wie übrigens manche andere Wirtschaftszweige, staatliche Subventionen erhält. Während es in Deutschland durchaus als legitim gilt, sich für eine Erhöhung der, beschönigend gesagt, mit mäßigem Erfolg arbeitenden Entwicklungshilfe einzusetzen, werden die heimischen Landwirte, die letztlich unsere Ernährungsgrundlage sichern, immer mehr zu unerwünschten Kostgängern des Steuerzahlers abgestempelt. Richtigzustellen ist hier, daß die staatlichen Agrarsubventionen, deren Umfang man den Bauern vorwirft, diesen bei weitem nicht zur Gänze zufließen. Ein beträchtlicher Teil der Hilfen, vor allem der Preisstützungen, kommt nicht der Landwirtschaft, sondern dem Agrarhandel, der Nahrungsmittelindustrie, dem Lager- und Transportwesen für landwirtschaftliche Produkte sowie der Agrarbürokratie zugute. Im übrigen spricht die Entwicklung in der deutschen Landwirtschaft nicht dafür, daß es um die staatliche Unterstützung übermäßig rosig bestellt ist. Denn wenn es sich auf dem agrarischen Subventionskissen so wohlig ruhen ließe, dann ist es, milde ausgedrückt, einigermaßen verwunderlich, daß die Zahl der landwirtschaftlichen Betriebe in Deutschland von Jahr zu Jahr zurückgeht und die Fremdkapitalbelastung derer, die übrigbleiben, bedrohlich ansteigt. Waren es 1970 fast 1,1 Millionen Betriebe, so hatte sich deren Anzahl bis 1990 — jeweils bezogen auf die alte Bundesrepublik — mit zirka 630 000 nahezu halbiert. Dieser Trend hält ungebrochen an, denn 1993 waren es nur noch knapp 570 000. Dabei ist hervorzuheben, daß gleichzeitig der Anteil der Nebenerwerbslandwirte, d. h. der Betriebe, deren Inhaberehepaare mehr als die Hälfte ihres Erwerbseinkommens außerhalb der Landwirtschaft verdienen, kontinuierlich zunimmt. Betrieben 1970 rund 35 Prozent aller Höfe die Landwirtschaft im Nebenerwerb, so lag dieser Wert 1993 bereits bei 43 Prozent. Sicher spielt bei diesem Rückgang und bei der Umstellung auf Nebenerwerb auch ein notwendiger Strukturwandel, gekoppelt mit Generationswechsel und einem veränderten Landwirtschaftsverständnis, eine Rolle. Eine übergroße Unterstützung der Bauern durch Steuergelder kann aber aus diesen Zahlen nicht abgeleitet werden.

Ein Teil der Anschuldigungen, mit denen sich Bauern heutzutage auseinanderzusetzen haben, betrifft die angeblich nicht artgerechte Tierhaltung, wobei die Aufstallung von Geflügel im Mittelpunkt steht. Nun ist es, zugegeben, nicht nur ein wenig erfreulicher Anblick, sondern für das Federvieh selbst außerordentlich bedrückend, auf engstem Raum in Drahtkäfigen gehalten zu werden. Zu bedenken ist in diesem Zusammenhang allerdings, daß schon allein wegen der Größenstruktur in der Legehennen- und Junghühnermasthaltung dieser Vorwurf die allermeisten Landwirte überhaupt nicht betrifft. Denn fast 90 Prozent der Legehennen beziehungsweise nahezu sämtliche Jungmasthühner werden in der Bundesrepublik von nur knapp zwei Prozent der Legehennen- und Junghühnermastbetriebe gehalten. Außerdem liegt es letztlich am Verbraucher, was er für das Ei oder das Hähnchenfleisch zu zahlen bereit ist. Da wird leider die Feststellung gemacht, daß dieser dann doch in seiner überwiegenden Mehrheit zum wesentlich billigeren „Batterieprodukt" greift und sich ansonsten über Tier- und Umweltschutz lieber nur mündlich, dafür aber um so heftiger ausläßt.

Wenig oder gar nichts ist dagegen darüber zu hören, daß es bei der landwirtschaftlichen Nutztierhaltung in den vergangenen Jahren Fortschritte gegeben hat, die wirklich das Prädikat „artgerecht" verdienen. Zu denken ist beispielsweise an die sogenannten Laufställe in der Milchviehhaltung. Gegenüber den früher üblichen Anbindeställen sind die Kühe nicht an einen Platz fixiert, sondern können sich in den meist weiträumigen Ställen nach Lust und Laune bewegen sowie Rauh- und Kraftfutter zu sich nehmen, ohne an feste Fütterungszeiten gebunden zu sein. Sicher wurde diese Art der Aufstallung in erster Linie aus arbeitswirtschaftlichen Gründen eingeführt, sie kommt aber auch den Kühen entgegen. Die Spaltenböden der Laufställe wurden aus Gründen der Klauengesundheit der Tiere stark verbessert und, zumindest für das Jungvieh, durch Gummiauflagen weicher gemacht.

Daß heutzutage Kühe im Sommer immer weniger auf der Weide zu sehen sind, also dort, wo sie sich wahrscheinlich am wohlsten fühlen, hat nur selten der Bauer zu verantworten. Schon aus tiergesundheitlichen Gründen würde er sein Vieh liebend gerne austreiben. Aber allein durch den Straßenverkehr, von dem ländliche Gebiete ebenfalls nicht verschont geblieben sind, werden der morgendliche Aus- und der abendliche Heimtrieb für Tiere, Bauern und Straßenverkehrsteilnehmer oft zum nervenaufreibenden und gefährlichen Abenteuer, auf das man dann im Interesse aller Beteiligten notgedrungen verzichtet.

Die Landwirte bemühen sich aber nicht nur um eine artgerechte Tierhaltung, sondern versuchen, die damit zwangsläufig verbundenen Emissionen erträglicher zu gestalten. Bei der Zuchtsauen- und Mastschweinehaltung — wer hätte darüber nicht schon selbst einmal die Nase gerümpft — ist dies besonders geboten. Die Geruchsbelästigungen werden durch verschiedene Maßnahmen wie nährstoffangepaßtere Fütterung, entsprechende Gestaltung der Stall- und Güllelagerräume sowie der Gülleausbringung zu vermindern versucht. Daß dies zum Teil durch staatliche Umweltschutzauflagen erzwungen wird, ist durchaus richtig. Trotzdem sollte man die Haltung der Landwirte insofern würdigen, als sie es ja sind, die die zusätzlichen Kosten und die Arbeit für solche Umstellungen zu tragen haben, was bei den gerade in der Schweinehaltung ohnehin meist eher bescheidenen Gewinnaussichten keine Selbstverständlichkeit ist.

Ebenso wie die Tierhaltung ist der moderne Acker- und Pflanzenbau stark mit Fragen des Umweltschutzes verknüpft. Chemischer Pflanzenschutz und Düngung sind potentiell umweltbelastend. Vor allem der Anstieg von Nitrat in Grund- und Oberflächengewässern wird auf erhöhte Nährstoffauswaschung aus zu intensiv gedüngten Böden zurückgeführt. Hier begehen sicher einige Landwirte immer wieder Fehler, obwohl zumindest ein Teil davon darauf beruht, daß der Witterungsablauf selten vorab optimal kalkulierbar ist. Leider stürzen sich die Medien nur auf die extrem negativen Beispiele, wie es sie natürlich in allen Wirtschaftszweigen gibt, und unterstellen, dies sei die Landwirtschaft schlechthin. Dabei ist der Landwirt mit Sicherheit der letzte, der sich Nährstoffauswaschungen wünscht. Für ihn ist Dünger ein teuer bezahltes Betriebsmittel, das in diesem Fall vergeudet wäre. Im übrigen wird in Hausgärten, Parks, auf Golf- und Sportplätzen pro Flächeneinheit ein Vielfaches dessen gedüngt, was man in der Landwirtschaft verwendet.

Auch beim chemischen Pflanzenschutz wird nicht, wie in der Öffentlichkeit überspitzt dargestellt, blindwütig drauflosgespritzt. Für die Entscheidung, ob Chemieeinsatz oder nicht, richtet sich der moderne Landwirt vielmehr nach sogenannten Schadensschwellen. So wird beispielsweise der Rapsglanzkäfer, einer der gefährlichsten Schädlinge im Rapsanbau, erst dann bekämpft, wenn im Durchschnitt des Bestandes mehr als fünf Käfer pro Rapspflanze gezählt werden. Auf Bienenflug wird dabei durch gezielte Mittelauswahl besondere Rücksicht genommen. Ökonomie und Ökologie weisen hier durchaus in die gleiche Richtung.

Damit die Nährstoffverluste im Boden niedrig gehalten werden, geht der Landwirt dazu über, nach Nährstoffentzug zu düngen, das heißt unter Berücksichtigung der jeweiligen Bodenverhältnisse und der Erntemengen. Hier ist sowohl die langjährige Erfahrung des Landwirts gefragt, der seine Böden in der Regel gut kennt, als auch auf Schlagkarteien für die einzelnen Ackerflächen und neuerdings auf elektronische Hilfen zurückzugreifen. Diese sind etwa in Mähdreschern in Form von Bordcomputern installiert. Experten schätzen, daß in absehbarer Zeit ein Großteil der Ackerflächen in Deutschland mit solchen Hilfen bearbeitet werden kann. All dies nicht nur, um Betriebsmittel und damit Kosten zu sparen, sondern um im ureigensten Interesse des Landwirts dem Umweltschutzgedanken möglichst effektiv Rechnung zu tragen.

Um die Pflanzenproduktion noch mehr ins Gleichgewicht zwischen Nährstoffentzug und Nährstoffzufuhr zu bringen, laufen vielversprechende Versuche, dafür sogar die Satellitentechnik zu nutzen. Das mag derzeit noch ziemlich futuristisch klingen, aber aufgeschlossene landwirtschaftliche Praktiker betrachten die Möglichkeiten dieser neuen Technik als zukunftsweisend.

Mehr im konventionellen Bereich, im Hinblick auf den sorgsamen Umgang mit Pflanzennährstoffen aber nicht weniger günstig zu beurteilen, liegt ein von der Bayerischen Staatsregierung jahrelang unterstütztes Programm zur Erweiterung von Güllelagerraum. Durch Förderung einer großzügigen Ausstattung der tierhaltenden Betriebe mit Güllebehältern wird es den Landwirten ermöglicht, die betriebseigene Gülle zu den für das Pflanzenwachstum günstigsten Zeitpunkten auszubringen. Aber wie in anderen Fällen ist hier darauf hinzuweisen, daß trotz der staatlichen Unterstützung die finanzielle und arbeitsmäßige Hauptlast vom Bauern und seiner Familie zu tragen ist.

Die Landwirte und die Agrarwissenschaftler sind aber nicht nur bemüht, Tierhaltung und Ackerbau in Einklang mit Natur und Umwelt zu bringen: Sie stehen mit in vorderster Front, wenn es gilt, Energie und Ressourcen zu sparen. Es ist in der nichtlandwirtschaftlichen Öffentlichkeit wenig bekannt, daß zunehmend mehr Milchviehhalter die Abwärme bei der Milchkühlung nach dem Melken für Warmwasseraufbereitung und Wohnhausbeheizung verwenden. Innovationsfreudige Landwirte haben durch langes Experimentieren und Probieren Anlagen für die Gewinnung von Biogas aus Festmist und Gülle entwickelt. Der Einsatz nachwachsender Rohstoffe, insbesondere Stroh und Häkselgut aus Holzabfällen für Heizzwecke, ist nirgends weiter verbreitet als in der Landwirtschaft.

Aus den wenigen Beispielen dürfte klargeworden sein, daß sich die Landwirte in ihrer übergroßen Mehrheit sehr wohl umweltbewußt und ökologisch verhalten. Sie haben jedenfalls den Umweltgedanken bereits zu einem Zeitpunkt glaubwürdig vertreten, bevor ihn der linke Politjargon zu einer modischen Ambition verwässerte. Für den einsichtigen Beobachter ist dies nicht weiter verwunderlich. Denn in den in Deutschland vorherrschenden bäuerlichen Familienbetrieben, wo in Generationen gedacht und gehandelt wird, ist man, ganz im Sinne der kapitalistischen Forderung Max Webers, nicht an kurzfristigem Gewinn, sondern an langfristiger Rendite interessiert. Letztere wird aber dem Bauern nur dann zufließen, wenn er mit seinen wichtigsten Produktionsgrundlagen, Boden und Tierbesatz, sorgsam umgeht. Dem Präsidenten des Deutschen Bauernverbandes, Constantin Freiherr Heereman von Zuydtwyck, ist deshalb in seiner Aussage uneingeschränkt zuzustimmen, daß „niemand mehr am Schutz des Bodens interessiert ist als derjenige, für den die wiederkehrende Nutzung die Grundlage seiner Existenz und der seiner Familie bildet. Aus diesem Eigeninteresse leistet die Landwirtschaft einen wesentlichen Beitrag zur Erhaltung und Pflege der natürlichen Lebensgrundlagen, zur Gestaltung und Bewahrung unserer Kulturlandschaft."

Der bäuerliche, privatwirtschaftlich orientierte Familienbetrieb, dem in sozialistischen Systemen ganz bewußt als erstem der Garaus gemacht wurde, ist somit nicht nur der beste Garant für die Erhaltung der natürlichen Umwelt, sondern zudem der sicherste und billigste Hersteller von Nahrungsmitteln. Aufschlußreich waren in diesem Zusammenhang die „Ergebnisse" der staatlich gelenkten, größtenteils kollektivierten Landwirtschaft im früheren Ostblock. Dort wurden nicht nur weniger Nahrungsmittel zu höheren Kosten als im Westen erzeugt, sondern zugleich wurde mit der Umwelt Schindluder getrieben. Wie in anderen Bereichen klaffen in Landbewirtschaftung und Umweltfürsorge sozialistische Theorie und Praxis extrem weit auseinander. Dies trifft ebenso auf linke Theorien der „Grünen" im Vergleich zu ihren umweltpolitischen Taten zu. Sieht man von ihrer strikten Ablehnung der Kernenergie und der Gentechnik einmal ab, so läßt sich bestenfalls erahnen, wie der vielbeschworene „ökologische Umbau" unserer Gesellschaft eigentlich vonstatten gehen soll.

Wie alt der Gedanke des Umweltschutzes im bäuerlichen Familienbetrieb ist, kann beispielsweise an dem Ausspruch „reiche Väter, arme Söhne" oder dem Begriff „ausgemergelt" nachvollzogen werden. Darin spiegelt sich die Beobachtung wider, daß die Einbringung von Mergel (Kalk-Ton-Gemenge) in

den Boden zwar dessen Fruchtbarkeit vorübergehend verbessert, diese nach einer gewissen Zeit aber
unter das vorherige Niveau abfällt. In der Tat wird
durch den Kalkanteil im Mergel der pH-Wert des
Bodens erhöht, was eine Nährstofffreisetzung, vor
allem von Phosphat, zur Folge hat. Diese Freisetzung hält aber logischerweise nur so lange an, wie
Nährstoffe vorhanden sind.

Ohne chemische Kenntnisse — der Ausspruch
von den „reichen Vätern" und den „armen Söhnen"
stammt aus der Zeit vor Justus von Liebig
(1803 — 1873), dem Gießener Professor, der als
Schöpfer der Agrikulturchemie und Erfinder der
Mineraldüngung in die Geschichte einging — erkannten langfristig denkende Landwirte naturwis-
senschaftliche Zusammenhänge, die auf die Fruchtbarkeit und Ertragskraft der Böden Einfluß haben.
Das Mißtrauen, das den „Grünen" aus großen Teilen der (konservativen) Bauernschaft entgegen-
schlägt, ist somit nicht zufällig. Bauern, die ständig
und unausgesprochen Naturerhaltung und Umweltschutz betreiben, erkennen am ehesten die gespal-
tene Zunge und die diffusen Absichten dieser selbsternannten „Retter der Erde".

Daß sich die Bauern selbst relativ wenig an der
Umweltdiskussion beteiligen, ist ihnen im Grunde
nicht zu verübeln. Denn nach täglicher 12 bis 14
Stunden langer, trotz hilfreicher Technik schwerer
körperlicher Arbeit sind die meisten von ihnen zu
müde, um in sophistisch geführten Debatten ihre
Argumente vorzubringen und sich gegen die Wort-
akrobatik von mehr oder weniger landwirtschafts-

fremden Umweltschwätzern zu verteidigen. Darüber hinaus sieht Hans Pongratz den ökologischen Diskurs von vier Strukturmerkmalen belastet, die verhindern, daß die Bauern daran teilnehmen:

— Der ökologische Diskurs hat sich in einem soziokulturellen Milieu entwickelt — akademisch und städtisch ausgerichtete Schichten, Angehörige von Humandienstleistungsberufen etc. —, mit dem die Bauern wenig Kontakt haben und dem sie skeptisch gegenüberstehen.

— Die Wahrnehmung und Deutung der Umweltkrise sind in hohem Maße auf die Vermittlungsfunktion von Wissenschaft und Medien angewiesen. Dies prägt den ökologischen Diskurs mit deren institutionsspezifischen, d. h. größtenteils abstrakten Normen und Regeln in einseitiger Weise.

— Der ökologische Diskurs weist insofern Ungleichgewichte auf, als er die Stellung der Natur gegenüber der Gesellschaft überbetont. Dieser „ökologische Naturalismus" unterschätzt die Problemlage der Bauern, die sich mit ihren unmittelbarsten und dringendsten Anliegen vernachlässigt finden.

— Ökologische Orientierungen bestimmen häufig nicht die tatsächlichen Verhaltensweisen der sich verbal für Umweltschutz einsetzenden Menschen. Diese Diskrepanz zwischen Einstellung und Verhalten erschwert nicht nur die Umsetzung ökologischer Konzepte, sondern stellt die Ernsthaftigkeit und Glaubwürdigkeit des ökologischen Diskurses grundsätzlich in Frage.

Zum letztgenannten Punkt ein banales Beispiel: Leute, die vier Flugreisen im Jahr machen, Zweit- und Drittautos benutzen, naturzerstörerische Hobbys betreiben, eignen sich nun einmal denkbar schlecht als „ökologische Wegweiser" für umweltschonendes Verhalten. Da die Bauern mittels ihres täglichen Tuns ohnehin Umwelt- und Naturschutz praktizieren, kümmern sie sich wenig um das gängige Umweltgeschwätz. Ein nicht zu übersehender Nachteil dieser verständlichen Haltung ist freilich, daß dadurch der ökologische Diskurs seine bekannt bauernfeindliche Tendenz erhält.

Bei der Umweltdiskussion unserer Tage wird überdies viel zuwenig berücksichtigt, daß der Bauer auf seinem Hof ein Einkommen zu erwirtschaften hat, das nicht nur ihn und seine Familie erhält, sondern Investitionen für die Zukunft ermöglicht. Letzteres kann nicht stark genug unterstrichen werden, muß doch gerade zur Verwirklichung von Umweltschutzvorstellungen, wie an einigen Beispielen aufgezeigt, ständig in neue Betriebsmittel, Maschinen und Baulichkeiten investiert werden. Dies in einer Situation, die seit Jahren von rückläufigen bäuerlichen Einkommen geprägt ist. Der Landwirt muß fortwährend die Kluft zwischen Streben nach Rendite und bestmöglicher Schonung der Natur zu überbrücken versuchen. Daß dieser Spagat der Mehrheit, wenngleich unter großen persönlichen Mühen und Kraftanstrengungen, gelingt, widerspricht dem weitverbreiteten modischen Gejammere, Ökonomie und Ökologie seien nicht miteinander in Einklang zu bringen.

Die Landwirte schaffen aber noch ein weiteres Gut, nämlich selbständiges, risikofreudiges Unternehmertum. Dabei weckt und fördert die im bäuerlichen Betrieb gegebene Verbindung von Familie und Produktion, so der Agrarsoziologe Franz Kromka, Selbständigkeit, Selbstverantwortung und Privatinitiative in herausragender Weise. Dies gilt ungeachtet einzelner Bauern, die selbst das kleinste Zeichen von Solidarität sowohl gegenüber Berufskollegen als auch Angehörigen anderer Stände vermissen lassen und ihre „Privatinitiative" primär auf die Mehrung ihres Besitzes konzentrieren. Diese wenigen sind mitschuldig, wenn unter politisch Linksstehenden die abstruse Ansicht grassiert, Umweltschutz und Privatbesitz schlössen sich gegenseitig aus.

Das Wirtschaftsleben braucht schöpferische Persönlichkeiten, die sich den ununterbrochen verändernden Herausforderungen stellen, die ständig Lösungsversuche für immer neu entstehende Problemsituationen erarbeiten. In besonderem Maße trifft dies für die Landwirtschaft und die von ihr zu erfüllenden Aufgaben im Natur- und Umweltschutz zu. Daß dieses schöpferische Unternehmertum positiven Einfluß auf Natur und Umwelt nimmt, kann jeder sehen, der offenen Auges und guten Willens unsere bäuerlichen Kulturlandschaften von der Nord- und Ostsee bis hin zu den Alpen durchfährt oder — noch besser, da umweltgerechter — durchwandert.

Naturwissenschaften auf dem Prüfstand:
Gentechnik, Energiepflanzen

„Beim Eintritt in das ‚biologische Zeitalter‘ “, so der
Politikwissenschaftler Heinz Theisen, „ist unsere In-
dustrie- und Risikogesellschaft über die Gentechnologie ins Stolpern geraten. Befürworter und Beden-
kenträger haben sich in jeweils unbeweisbaren Spekulationen über die Chancen und Risiken dieser Zu-
kunftstechnologie verheddert." So kennzeichnen
Unsicherheit, Unverständnis und Angst vielfach die
Situation. Dies betrifft auch und gerade den Einsatz
der Gentechnologie in der Landwirtschaft, wobei es
für die breite Öffentlichkeit vorwiegend um die Freilandversuche von gentechnisch veränderten Pflanzen, wie etwa Zuckerrüben oder Mais, geht.

Gewichtige Argumente gegen die Gentechnik
werden von vielen gesellschaftlichen Gruppierungen vorgebracht, nicht zuletzt von kirchlicher Seite;
sie steht teilweise auf dem Standpunkt, daß es nach
christlicher Ethik nicht Aufgabe des Menschen sei,
Leben in irgendeiner Form nach eigenem Ermessen
zu schaffen oder in seinen Wesenszügen zu verändern. Außerdem seien Folgen und Risiken der Gentechnik nur schwer abschätzbar.

Speziell gegen die Verwendung der Gentechnik
in der Landwirtschaft werden folgende Gesichts-
punkte angeführt:
— Genetische Manipulation schaffe die Voraussetzung dafür, daß Lebewesen patentierbar würden.
  Die Landwirtschaft gerate dadurch in neue Abhängigkeiten von der Industrie.

— Die Freisetzung genmanipulierter Organismen stelle einen Eingriff in das bestehende Ökosystem dar.
— Die gezielte genetische „Konstruktion" von Tieren und Pflanzen führe dazu, daß die ohnehin dezimierte genetische Vielfalt verlorengehe. Einheimische Rassen und Sorten seien davon besonders betroffen.
— Gentechnische Verfahren würden mit dem Ziel angewandt, Leistungssteigerungen herbeizuführen. Dies sei bei der durch Überproduktion belasteten Marktlage agrarpolitisch unsinnig und führe zu einer weiteren Verschärfung des landwirtschaftlichen Strukturwandels.

Landwirtschaftliche Überproduktion, um den letztgenannten Einwand zuerst aufzugreifen, ist nur ein Problem der westlichen Industrieländer. Daß das immer so bleiben muß, ist noch lange nicht ausgemacht. In den meisten Entwicklungsländern geht es auf jeden Fall nicht um die Erzeugung von weniger Nahrungsmitteln, sondern um Produktionssteigerungen. So gilt es beispielsweise, die Dritte Welt mit krankheitsresistentem Pflanzenmaterial zu versorgen. Bei der Kartoffel dreht es sich etwa darum, die Verbreitung von Pilz- und Viruskrankheiten zu verhindern, die Pflanze gegen Bakterienkrankheiten zu schützen sowie ihren Eiweißgehalt zu erhöhen. Außerdem ist die Nährstoffverwertung bei Pflanzen und Tieren generell zu verbessern. Aber es geht auch um Ökologie: Durch züchterisch eingebauten Pflanzenschutz kann man den Einsatz von chemischen, die Umwelt belastenden Mitteln reduzieren. Ebenso muß auf züchterischem Wege die Methanbildung beim Naßreisanbau verringert werden. Dort, wo Herbizide gebraucht werden, kann es ökologisch vorteilhaft sein, die Nutzpflanzen herbizidresistent zu machen.

Ob all dies durch konventionelle Züchtungsmethoden oder über die Gentechnik geschieht, dürfte den hungernden Menschen in der Dritten Welt ziemlich gleichgültig sein. Gleichgültig ist ihnen allerdings nicht, wie schnell das geht. Und da muß klar festgestellt werden, daß züchterischer Fortschritt mittels Gentechnik einen wesentlich geringeren Zeitaufwand erfordert als die herkömmliche Kreuzungszüchtung. Denn bei letzterer wird das gesamte Erbgut beider Eltern neu kombiniert und an die Nachkommen weitergegeben. Die Kreuzungszüchtung ist somit dem Zufall unterworfen; ihre Hauptelemente sind die Schaffung von Vielfalt (Variation) und die anschließende Auslese (Selektion) der Individuen mit den gewünschten Merkmalen. Dieser Prozeß ist langwierig und aufwendig, denn aus jeder Kreuzung gehen viele Nachkommen mit unerwünschten Eigenschaften hervor. Mit Hilfe der Gentechnik ist dagegen die gezielte Übertragung bestimmter Erbanlagen und der gewünschten Eigenschaften möglich.

Der prinzipielle Unterschied zwischen klassischer Züchtung und Gentechnik ist nicht sehr groß. Neu ist allerdings, daß Artgrenzen überschritten werden können, weil der chemische Aufbau der Erbinformationen von der Bakterie bis zum Menschen gleich ist. Gentechnik ermöglicht somit den Rückgriff auf Erbanlagen aus allen Bereichen des Lebens. Da die

Artgrenzen erst im Laufe der Evolution entstanden sind, bedeutet der Austausch von Genen zwischen den jetzt existierenden Arten ebenfalls nichts grundsätzlich Neues. Die Kritik an der Gentechnik speist sich oft aus der Tatsache, daß viele Menschen das Prinzip der Darwinschen Evolutionslehre, d. h. permanente Weiterentwicklung, noch immer nicht akzeptieren.

Auch der Einwand, daß durch die Benutzung der Gentechnik die genetische Vielfalt bei den einheimischen Rassen und Sorten verlorengehe, trifft in dieser vereinfachten Form nicht zu. Landrassen und -sorten verschwinden, seit die Menschen Tier- und Pflanzenzüchtung betreiben, denn stets wollte man die Produktivität der tierischen und pflanzlichen Erzeugung erhöhen. Das geht fast immer zu Lasten der Vielfalt. Täglich vermindert sich auf der Erde, ohne daß man bisher die Gentechnik dafür verantwortlich machen könnte, die Zahl der Tierrassen und Pflanzensorten. In Europa, so eine Mitteilung der FAO, hat sich die Anzahl der Tierrassen seit der Jahrhundertwende annähernd halbiert. Nicht umsonst hat etwa das Bayerische Staatsministerium für Ernährung, Landwirtschaft und Forsten eine Aufstellung über gefährdete Nutztierrassen in Bayern herausgegeben. Darin werden unter anderem die Rinderrassen Pinzgauer, Murnau-Werdenfelser und das Original Braunvieh oder Schafrassen wie das Rhönschaf, das Coburger Fuchsschaf und das Brillenschaf aufgeführt. Durch Genbanken, wie am Beispiel der Kartoffel und des Reises beschrieben, versucht man die „genetische Erosion" aufzuhalten. Moderne Technologie bewirkt also, zumindest in diesem Punkt, nicht weniger, sondern mehr genetische Vielfalt.

Der Vorwurf des Eingriffs in das bestehende Ökosystem greift ebenfalls zu kurz. Schon allein aus Produktivitätsgründen wird man bemüht sein, Sorten und Rassen gentechnisch so zu gestalten, daß sie möglichst gut in das dafür vorgesehene Ökosystem hineinpassen. Nur dann ist auf lange Sicht ihr Überleben gesichert, und nur dann werden sie die in des Wortes wahrster Bedeutung gewünschten Früchte erbringen.

Um der Besorgnis Rechnung zu tragen, Freilandversuche genmanipulierter Organismen könnten für die Umwelt gefährlich werden, treffen die Wissenschaftler bei ihren Versuchen eine Reihe von Vorkehrungen. Selbstverständlich hat jede neue Technologie ihre Licht- und Schattenseiten. Ein Verfahren, das nur Vorteile bringt, ist noch nicht erfunden worden. Deshalb erfordert ihre Einführung genaueste Prüfungen möglicher Gefährdungen von Mensch, Tier und Umwelt sowie eine sorgfältige, auf wissenschaftlichen Erkenntnissen beruhende Risikoabschätzung. Im Fall der pflanzlichen Gentechnologie können diese Risiken letztendlich nur im Freilandversuch getestet und ermittelt werden.

Ob gentechnisch veränderte Organismen unbedingt durch Patente geschützt werden sollten, ist in der Tat nicht einsichtig. Der bisher praktizierte Sortenschutz müßte eigentlich weiterhin ausreichen. Unverständlich ist aber die Anschuldigung, mittels Gentechnik würden neue Abhängigkeiten der Landwirtschaft von der Industrie geschaffen. Zum einen ist es in einer arbeitsteilig organisierten Gesellschaft nachgerade Unfug, von den damit einhergehenden Abhängigkeiten im negativen Sinn zu reden. Sicher sind die Wirtschaftszweige ineinander verflochten und damit voneinander abhängig, so übrigens auch umgekehrt die Industrie von der Landwirtschaft. Zum anderen stellt es eine grobe Verkennung der tatsächlichen Lage dar, wenn man meint, der landwirtschaftliche Sektor könne ohne Industrie und Wissenschaft auskommen. Es würden wesentlich mehr Menschen hungern und verhungern, wenn es deren vielfältige Bemühungen und Zusammenarbeit nicht gäbe. Daß die Menschen in der westlichen Welt sich mehr als satt essen können, ist größtenteils, daran sollte man gelegentlich erinnern, eben darauf zurückzuführen. Es kann also nicht heißen, Industrie und Wissenschaft auszugrenzen, sondern umgekehrt, es sind deren verstärkte Aktivitäten zu fordern. Wer da nur neue Abhängigkeiten entstehen sieht, mag bei dieser wenig hilfreichen Meinung bleiben. Denn, so noch einmal Heinz Theisen, „die Überlebensbedingungen der Menschheit zwingen uns, von den vergleichsweise beschaulichen ethischen und politischen Fragen des Sollens und Wollens auf existentiellere Fragen überzugehen".

Die Beantwortung einer dieser existentiellen Fragen: Wie ernährt man die wachsende Menschheit?, wird entscheidend davon abhängen, inwieweit die Gentechnologie und mit ihr die gesamte Biotechnologie genutzt werden können. Daß dabei nicht „Kühe mit drei Eutern" entstehen, um eines der populistischen Angstgebilde gegen die Gentechnik aufzugreifen, dafür wird man Vorsorge zu treffen haben. Im übrigen wachsen auch in der Biotechnologie die Bäume nicht in den Himmel. Um zu verhindern, daß nicht übertriebene Befürchtungen und Hysterie den notwendigen Einsatz der neuen Technik einengen, ist es dringend erforderlich, so der Agrarwissenschaftler Gerhard Fischbeck im Zusammenhang mit gentechnisch zu vermittelnder Herbizidresistenz, „die Diskussion auf das Niveau des tatsächlich erreichten Entwicklungsstandes anzuheben".

Weit weniger kontrovers, wenngleich ebenfalls nicht in allen Fällen euphorisch, wird der Bereich der Energiepflanzen oder nachwachsenden Rohstoffe diskutiert. Dabei geht es keineswegs um etwas völlig Neues, wie man aus manchen Darstellungen schließen könnte. Vielmehr handelt es sich um die Rückbesinnung auf die älteste Form der Energienutzung: Die mittels der Photosynthese in chemische Energie umgewandelte und als Pflanzensubstanz gespeicherte Sonnenenergie wird zur Gewinnung von Wärme, Elektrizität, Bewegung oder Strahlung genutzt. Grundsätzlich ist also jeder Organismus, der Photosynthese betreibt, eine „Energiepflanze". Neu an dieser Art der Energiegewinnung ist lediglich, daß man sich heute mit modernster Technologie um möglichst hohe Effizienz bei der Umwandlung bemüht und Pflanzen verwendet werden, die eine optimale Produktion und Ausbeute im Hinblick auf die Zielsetzung versprechen. Im forstlichen Bereich sind das in den nördlichen Breiten vor allem schnellwachsende Baumarten wie

Pappeln und Weiden, in den Tropen Eukalyptus- und Kiefernarten. Bei den landwirtschaftlichen Kulturen richtet sich das Interesse zuvörderst auf die sogenannten C_4-Pflanzen (Mais, Chinaschilf etc.), die Sonnenenergie besonders effektiv umwandeln können und hohe Massenleistungen versprechen. Für deutsche Verhältnisse ist daneben Raps als wichtige Energiepflanze anzusehen.

Den ersten Anstoß dafür, der pflanzlichen Energiegewinnung wieder mehr Beachtung zu schenken, gab die Energiekrise in den 70er Jahren. Sie führte den Industriestaaten ihre Abhängigkeit sowie die Unsicherheit einer nur auf fossilen Rohstoffen basierenden Energieversorgung vor Augen und schlug sich in Europa und Nordamerika in einem sprunghaften Anstieg des Brennholzverbrauchs nieder. Aber erst die immer offensichtlicher werdende Verschmutzung von Boden, Luft und Wasser, die drohende Verknappung fossiler Rohstoffe sowie der Anstieg des Kohlendioxidgehaltes in der Atmosphäre haben die Einsicht gefördert, die Vorteile von Biomasse — darunter versteht man in diesem Zusammenhang alle pflanzliche Substanz — als solarem Energieträger wieder neu zu erkennen und umzusetzen.

Dennoch werden von mancher Seite Einwände gegen den vermehrten Einsatz pflanzlicher Energie vorgebracht. Angesichts der jederzeitigen und scheinbar unbegrenzten Verfügbarkeit fossiler Energie wurde offenbar aus dem Bewußtsein verdrängt, daß bis vor etwa 200 Jahren Biomasse, und zwar vor allem Holz, auch in Europa der wichtigste

Energieträger war, für die Wärmegewinnung sogar der einzige. Dies änderte sich, als der Preisvorteil und die höhere Energiedichte von Kohle, Öl und Gas den Einsatz von Holz zurückdrängten. Damals bedeutete diese Verdrängung in manchen Regionen, zum Beispiel im Schwarzwald, die Rettung für die völlig übernutzten und devastierten Wälder. Heute erweist sich jedoch im Zuge zunehmender Aufdeckung der ökologischen Folgekosten fossiler Energienutzung, daß dies auf Kosten der nachfolgenden Generationen mit erheblichen Belastungen der Umwelt erkauft wird.

Obgleich Pflanzen mittels der Photosynthese nur etwa 0,1 Prozent der auf die Erde eingestrahlten Sonnenenergie in Biomasse umwandeln und speichern, reicht die jährlich erzeugte Menge theoretisch aus, um ein Vielfaches des derzeitigen gesamten weltweiten Energiebedarfs zu decken. An dieser Stelle sei darauf hingewiesen, daß auch die fossilen Vorräte, die unsere heutige Industriegesellschaft so gedankenlos und verschwenderisch aufbraucht, auf diesem Wege entstanden sind. Hierbei handelt es sich nämlich um nichts anderes als um Biomasse, die vor Jahrmillionen — mitsamt dem darin enthaltenen Kohlenstoff — durch erdgeschichtliche Prozesse dem ständigen Kohlenstoffkreislauf der Erde entzogen und in konvertierter Form gelagert wurde. Insofern leben wir letztendlich immer von Pflanzenenergie.

Der Unterschied zwischen der Verwendung fossiler Rohstoffe und einer nachhaltigen Nutzung des jährlich neu entstehenden Pflanzenmaterials besteht darin, daß wir im ersten Fall massiv in das geochemische Gleichgewicht der Erde eingreifen, also von der Substanz leben. Durch die Energiegewinnung aus Öl, Gas und Kohle werden jährlich fast 22 Milliarden Tonnen des Treibhausgases Kohlendioxid in die Atmosphäre emittiert. Das ist wohlgemerkt Kohlendioxid, dessen Festlegung in den fossilen Lagerstätten und Gesteinen wir es mit verdanken, daß das Klima auf der Erde so ist, wie es ist. Der zweite Fall, also die nachhaltige Nutzung neu entstehender Biomasse, ist dagegen systemneutral. Denn bei ihrer energetischen Umwandlung wird nur so viel Kohlendioxid freigesetzt, wie der Luft zuvor durch die Photosynthese entzogen wurde. Voraussetzung dafür ist aber — und das sei besonders unterstrichen —, daß nur so viel geerntet wird, wie gleichzeitig nachwächst. Eben dies ist in den Entwicklungsländern nicht der Fall, was zum Rückgang der Wälder beiträgt.

Neben globalökologischen Vorteilen weist die pflanzliche Energiegewinnung aber noch eine Reihe weiterer günstiger Eigenschaften auf, die sie für eine vermehrte Nutzung geradezu prädestinieren. Ein wesentlicher Vorzug ist beispielsweise die gute Speicherform dieser Energie, die im Gegensatz zu Öl oder Gas eine risikolose Lagerung und einfachen Transport gewährleistet, ja selbst im Fall eines Unfalles kaum Umweltgefährdungen verursacht. Die Produktion kann außerdem mit einer bekannten und sicher beherrschbaren Technologie erfolgen und gleichzeitig einen Beitrag zur Erhaltung bzw. Schaffung von Arbeitsplätzen im ländlichen Bereich leisten. Im Hinblick auf künftige Erfordernisse bieten pflanzliche Rohstoffe den weiteren Vorteil, daß vielseitige Umwandlungsmöglichkeiten durch thermo- und biochemische Verfahren bestehen und zusätzlich ein großes Potential für biotechnologische Entwicklungen gegeben ist.

Sofern als Energierohstoff Holz produziert werden soll, kann dies auf verschiedene Weise geschehen. Zum einen im üblichen Hochwaldbetrieb, wobei es vor allem als Durchforstungsholz bei der Pflege der Bestände, quasi als Koppelprodukt eines auf Wertholzproduktion ausgerichteten Waldbaus, anfällt. Zum anderen kann es aber auch in eigens zu diesem Zweck angelegten Plantagen erzeugt werden. In diesem Fall unterscheidet sich die Bewirtschaftung allerdings erheblich vom traditionellen Waldbau und ist mit landwirtschaftlichen Produktionsweisen vergleichbar; sie erfolgt mit besonders rasch wachsenden, genetisch ausgelesenen Baumarten im Stockausschlag- oder Niederwaldbetrieb. Die Erntezeiträume liegen zwischen 1 und 15 Jahren bei einer Trockensubstanzproduktion im Bereich von 9 bis 29 Tonnen pro Hektar und Jahr. Dieses Vorgehen hat jedoch gegenüber dem Hochwaldbetrieb den Nachteil, daß wegen der hohen Nährstoffentzüge selbst auf besseren Böden langfristig eine Dünger- und damit Fremdenergiezufuhr unumgänglich ist.

Zur Energiegewinnung aus forstlicher Produktion können neben frischem Holz nach Ablauf ihrer Nutzungsdauer auch die aus Holz hergestellten Produkte dienen. Die Abfälle der Holzindustrie haben schon heute eine große energetische Bedeutung. In den meisten Industriestaaten werden sie von den Betrieben fast vollständig zur Energieversorgung herangezogen.

Betrachtet man die Waldverbreitung in der Bundesrepublik, so wird ein weiterer Vorteil des Energieträgers Holz ersichtlich: Er ist über die gesamte Landesfläche verteilt vorhanden und steht damit überall ohne großen Transportaufwand zur Verfügung, dezentrale Nutzung — zum Beispiel in Blockheizkraftwerken — vorausgesetzt. Gleiches gilt übrigens für die landwirtschaftlichen Energiepflanzen.

Wird Holz in naturnah bewirtschaftetem Hochwald erzeugt, so gibt es keinen anderen Energierohstoff, mit dessen Produktion gleichzeitig eine solche Fülle hervorragender Nebenleistungen verbunden ist, wie mit der Erzeugung dieser forstlichen Biomasse. Sauerstoffproduktion, Boden- und Wasserschutz, Klima- und Lärmschutz, Lebens- und Erholungsraum sind dafür die augenfälligsten Beispiele.

Vor dem Hintergrund der derzeitigen Agrarüberschüsse gewinnt auch die landwirtschaftliche Erzeugung von Biomasse zur energetischen Nutzung an Bedeutung. Hier kann unter anderem bei den Rohstoffen für die chemische Industrie (Stärke, Zucker, Öle oder Fette) ein Ersatz für die Ausgangsstoffe fossilen Ursprungs, insbesondere Erdöl, bereitgestellt werden. Bei sinnvoller Anwendung, zum Beispiel durch Auflockerung der Fruchtfolge, leistet der Anbau geeigneter Pflanzen wie Sonnenblumen oder Zuckerhirse sogar einen ökologisch wertvollen Beitrag zum Landschaftshaushalt. Vor allem aber bieten sich damit einigen Landwirten neue Einkommensperspektiven, die es ihnen erlauben, ihre Betriebe weiterzuführen und damit schleichenden Konzentrationsprozessen entgegenzuwirken.

Bei der Entscheidung, welcher Produktionsform der Vorzug zu geben ist, muß neben ökologischen Aspekten insbesondere das Verhältnis zwischen energetischem Aufwand und Ertrag berücksichtigt werden. Jede über die Sonnenenergie hinausgehende Energiezufuhr für Erzeugung, Ernte, Transport oder Umwandlung schmälert die Nettoausbeute und stellt gleichzeitig eine Umweltbelastung dar. Das gilt besonders für Bodenbearbeitung, Düngung, Pflanzenschutz, Ernte und Trocknung. Ein von den Forstwissenschaftlern Ernst Kürsten und Peter Burschel 1991 durchgeführter Vergleich des CO_2-Minderungspotentials verschiedener land- und forstwirtschaftlicher Nutzungsalternativen — gleichzeitig Ausdruck für das Verhältnis zwischen Energie-In- und -Output — zeigte, daß Energieholz aus Hochwald am günstigsten zu bewerten ist. Zwar liegt hier die jährliche Ertragsleistung je Hektar deutlich sowohl unter der von forstlichen Energieplantagen als auch landwirtschaftlichen Kulturen, jedoch wird dies durch den wesentlich geringeren Energiebedarf kompensiert. Diese Methode der Rohstofferzeugung ist nicht nur ökologisch besonders vorteilhaft, sondern bietet darüber hinaus den Vorteil, daß Erntezyklus und Erntezeitpunkt innerhalb des Jahres relativ frei wählbar sind und damit Arbeitsspitzen vermieden sowie Marktschwankungen ausgeglichen werden können.

Trotzdem muß man sich darüber im klaren sein, daß diese Art der Energiegewinnung bei den derzeit niedrigen Preisen für fossile Energieträger weder konkurrenzfähig noch rentabel ist. Sie wird sich erst dann am Markt durchsetzen können, wenn für fossile Rohstoffe Preise gefordert werden, die den tatsächlichen Kosten entsprechen, d. h. auch die ökologischen Folgekosten sich darin niederschlagen. Ob das über eine CO_2-Steuer oder auf andere Weise erreicht wird, spielt dabei keine Rolle. Auf jeden Fall wird der Übergang zu einer umweltverträglicheren Energienutzung so lange nicht gelingen, wie man fossile Energie zu volkswirtschaftlich sanktionierten Dumpingpreisen anbietet. Davon sind in gleichem Maße andere regenerative Energien wie beispielsweise die Windkraft oder die Solartechnologie betroffen.

Sollte sich die Situation wider Erwarten in den nächsten Jahren in diesem Sinne ändern, so böte die pflanzenbasierte Energieproduktion den Vorteil, daß, wie erwähnt, für den großtechnischen Aufschluß von Biomasse im Gegensatz zu den technischen Lösungsansätzen zur Nutzung der Sonnenenergie (Photovoltaik, solare Wasserstoffproduktion etc.) schon bewährte Verfahren zu Verfügung stehen. Diese sind zudem vergleichsweise kapitalextensiv, somit auch für Entwicklungsländer gut geeignet. Zwar gibt es selbst hier noch erhebliche Verbesserungsmöglichkeiten, zum Beispiel bei den Anbau- und Umwandlungsverfahren, dennoch könnten bereits jetzt nachwachsende Rohstoffe, insonderheit aus der Forstwirtschaft, in größerem Umfang bereitgestellt und genutzt werden und so zur Schonung der fossilen Reserven wie der Umwelt beitragen.

Wie krank ist unser Wald wirklich?

Eigentlich müßte er schon längst tot sein, der vielbe-
sungene deutsche Wald. Seit Beginn der achtziger
Jahre liegt er nach Meinung einiger „Umweltapoka-
lyptiker" — unter ständiger, kritischer Beobachtung
von Umweltschützern, Industrie, Wissenschaft und
natürlich besonders der Förster — als „todkranker"
Patient auf dem Sterbebett. Alljährlich läßt die Bundesregierung das „Fieber" des Kranken durch lan-
desweite Erhebungen der Forstverwaltungen messen, und stets gibt deren Veröffentlichung Anlaß zu
heftigen Diskussionen darüber, wie die Befunde zu
deuten seien. Denn je nach ideologischer Einstellung
oder wirtschaftlicher Interessenlage liest jede der Be-
obachtergruppen aus dem „ärztlichen Bulletin" das
heraus, was am besten ins eigene Konzept paßt. Daß
dies möglich ist, liegt zum einen an der Art des
„Meßverfahrens", zum andern aber überwiegend an
der außerordentlichen Vielfältigkeit und Anpassungsfähigkeit unserer Wälder. Die regionalen Unterschiede in der Baumartenzusammensetzung, den
Standort- und Klimabedingungen sowie in den Be-
standesstrukturen und waldbaulichen Behandlungs-
verfahren bringen es mit sich, daß im Gesamtbild des
Waldzustandes tatsächlich für jedes Argument ein
Belegbeispiel zu finden ist.
    Es ist daher naheliegend, die Frage zu stellen, ob
sich der finanzielle Aufwand, der mit der jährlichen
Zustandserfassung verbunden ist, wirklich lohnt.
Für wissenschaftliche Untersuchungen oder Rück-
schlüsse ist das Verfahren zu grob; bei Presse und

Bürgern stoßen die Zahlen auf immer weniger Interesse. Vor allem die vielseitige Auslegung der mitgeteilten Daten, das ständige Gezerre, ob sich nun der Waldzustand gegenüber dem Vorjahr verbessert oder verschlechtert hat, und die penetrante Rechthaberei der beteiligten Diskutanten haben dazu geführt, daß die Öffentlichkeit die Ergebnisse der Waldzustandsberichte mit zunehmender Gleichgültigkeit zur Kenntnis nimmt und immer weniger zu dringlich erforderlichen Verhaltensänderungen zu bewegen ist. Außerdem verkommen die Berichte zusehends zu einer Selbstdarstellung der Regierung. Immer geringer wird der Anteil mit den eigentlichen Zustandsbefunden, immer umfangreicher dagegen der Teil, in dem die „Erfolge" der politischen Gegenmaßnahmen beschrieben und dank geplanter weiterer Aktivitäten rosige Zukunftsaussichten skizziert werden.

Wie ist es um die Gesundheit des Waldes nun tatsächlich bestellt? Nach dem Waldzustandsbericht 1993 hat sich der Anteil der „deutlichen Schäden", d. h. der Bäume, die nur noch weniger als 75 Prozent der potentiellen Blatt- oder Nadelmasse eines gesunden Baumes haben, von 27 auf 24 Prozent verringert. Danach scheint sich tatsächlich eine positive Entwicklung abzuzeichnen. Das gilt um so mehr, als in den alten Bundesländern — nur für diese liegen vergleichbare Erhebungen seit 1984 vor — bereits zwischen 1986 und 1989 eine ständige Abnahme der Schäden festgestellt wurde und sich erst im Jahr 1990, dem Jahr der Katastrophenorkane „Vivien" und „Wiebke", der Zustand der Bäume wieder spürbar verschlechterte. Dabei ist freilich zu fragen, inwieweit sich die sturmbedingte Entnadelung trotz intensiver Schulung der Erhebungsbeamten nicht doch in den Ergebnissen der Inventur niedergeschlagen hat.

So schön und optimistisch das bis hierher alles klingt, spiegelt es nur einen Teil der Wahrheit wider. Auf regionaler Ebene ist nämlich das Schadausmaß trotz positiven Gesamttrends größer. Als besonders drastisches Beispiel hierfür ist Thüringen zu nennen, wo die Hälfte der Waldfläche deutliche Schäden aufweist. Und noch eine weitere Einschränkung ist anzuführen: Während sich bei Fichte, Kiefer und Buche der Benadelungs- bzw. Belaubungszustand stabilisiert hat, ist bei der Eiche eine weitere Verschlechterung eingetreten.

Trotzdem kann festgestellt werden, daß die schlimmen Befürchtungen, die beim Bekanntwerden der Schäden Ende der siebziger Jahre geäußert wurden, nicht eingetreten sind. Nimmt man das Wachstum der Wälder als aussagekräftigen Maßstab — denn dieses ist schließlich der integrale Ausdruck für das physiologische Befinden der Bäume —, so könnte man vielmehr den Eindruck gewinnen, es gehe dem Wald so gut wie schon lange nicht mehr. Wie eine Studie der finnischen Forstwissenschaftler Kauppi, Mielikäinen und Kuusela ergab, hat das Wachstum der europäischen Wälder zwischen den frühen siebziger und späten achtziger Jahren um etwa 30 Prozent zugenommen und ist weiter im Steigen. Die Ergebnisse der Waldinventur in der Bundesrepublik bestätigen diesen Zuwachsanstieg.

Dagegen wird mangels besserer Argumente von den hartnäckigen Verfechtern des „Waldsterbens" häufig eingewandt, es handele sich hier lediglich um ein letztes Aufbäumen des Waldes. Mit dieser Äußerung wird ignoriert, daß es eine Reihe von Faktoren gibt, die den Waldschäden entgegenwirken und durch die sich der Zuwachsanstieg auch auf wissenschaftlicher Basis, also ohne blinde Spekulationen, erklären läßt. So hat die Beendigung der früher üblichen Streunutzung — die in manchen Regionen noch bis Mitte der 50er Jahre ausgeübt wurde — dazu geführt, daß es zu einer Wiederanreicherung der Humusvorräte und damit zu verbessertem Nährstoffangebot kam. Dieser Effekt wurde noch verstärkt durch die hohen Stickstoffeinträge aus der Luft, die in Norddeutschland bis zu 70 kg pro Hektar und Jahr ausmachen und damit einer kräftigen Düngung mit diesem Element entsprechen. Beide Faktoren tragen dazu bei, daß der früher wachstumsbegrenzende Faktor Stickstoff wieder in ausreichendem, wenn nicht überreichem oder — wie noch auszuführen sein wird — sogar schädlichem Maße zur Verfügung steht. Erstaunlicherweise trägt noch ein weiterer Stoff, der erst durch den anthropogenen Treibhauseffekt als Schadstoff in die Diskussion gekommen ist, zu einer Verbesserung der Wachstumsbedingungen bei: das Kohlendioxid! Dieser wichtigste Pflanzennährstoff, aus dem im Wege der Photosynthese Zucker hergestellt wird, ist, bezogen auf die Anforderungen des Pflanzenwachstums, nicht in optimaler Konzentration in der Luft enthalten. Die Erhöhung des vorindustriellen CO_2-Gehaltes der Luft um etwa 25 Prozent, bei einer jährlichen weiteren Steigerung um 0,5 Prozent, verringerte diese Knappheit und hat somit steigernde Wirkung auf das Baumwachstum.

Es dürfte somit nicht übertrieben sein zu konstatieren, daß der derzeitige Zustand des Waldes besser ist als sein Ruf. Diesen Schluß zogen aufgrund ihrer Untersuchungen auch die Forstwissenschaftler Peter Burschel, Franz Binder und Michael Weber bei der Anhörung des Bayerischen Landtags im Dezember 1991 zum Thema „Bilanz der Waldschäden und der Waldschadensforschung von 1983 bis 1991". Ihre Ergebnisse wurden im Gegensatz zu den meisten anderen Untersuchungen nicht unter Labor- oder Klimakammerbedingungen gewonnen, sondern in langjährigen Praxisversuchen in den Hauptschadgebieten Bayerns erarbeitet. Dabei zeigte sich, daß „die Verjüngungsprozesse auch bei Vorliegen neuartiger Waldschäden noch so ablaufen, daß eine natürliche Verjüngung der Bestände gewährleistet ist, soweit diese nicht durch andere Schadfaktoren wie das Wild verhindert wird". Selbst unter extremen Bedingungen, wie sie im Fichtelgebirge und in den Alpen auftreten, gibt es nach ihren Untersuchungen für jeden Standort Baumarten, die in der Lage sind, eventuelle Kahlflächen innerhalb weniger Jahre zu bedecken. Zwar wurden auch in jungen Fichtenbeständen teils massive Nadelverluste und -vergilbungen, Nährstoffdefizite sowie erhöhte Belastung mit Schwefel festgestellt, jedoch zeigten die Versuche, daß sich die Bäume in verhältnismäßig kurzer Zeit revitalisieren können, insbesondere in Verbindung mit geeigneten waldbaulichen Maßnahmen wie Düngung und Durchforstung.

Viel schwieriger ist es jedoch, eine zuverlässige Prognose über die künftige Entwicklung des Waldes zu stellen, und zwar deswegen, weil zum einen die komplexen Wirkungszusammenhänge in den Waldökosystemen noch nicht ausreichend aufgedeckt und zum anderen die künftigen Umwelteinflüsse nur sehr schwierig abzuschätzen sind.

Zum erstgenannten Punkt ist festzuhalten, daß sich an der Konkurrenz wie dem Für und Wider der verschiedenen Schadenstheorien — sie seien nachfolgend in aller Kürze dargestellt — nichts geändert hat. Die „klassische" Immissionshypothese geht davon aus, daß Schwefeldioxid (SO_2) und andere gasförmige Stoffe direkt auf die oberirdischen Organe einwirken und zu Schädigungen an Blättern und Nadeln führen. Durch die damit einhergehende Ansäuerung des Zellsaftes kommt es zur Beeinträchtigung zahlreicher biochemischer Vorgänge sowie zu einer Störung des Spaltöffnungsmechanismus, wodurch die Pflanzen einen Wasserverlust erleiden und unter Streß geraten. Diese Erklärung stimmt zwar gut damit überein, daß die stärksten Schäden — vor allem großflächiges Absterben — tatsächlich in den Regionen auftreten, wo die SO_2-Belastung besonders hoch ist. Andererseits läßt sich die Hypothese nur sehr bedingt mit den Schäden in Reinluftgebieten vereinbaren. Auch müßte sich die drastische Verringerung der Schwefelemissionen deutlicher in einer Gesundung niederschlagen. Ein anderer Erklärungsversuch geht davon aus, daß die Schadsymptome durch hohe Ozonkonzentrationen in der Luft hervorgerufen werden. Ozon (O_3) führt über die Oxydation der schützenden Cuticularwachse zur Rißbildung und so zu einem beschleunigten Altern von Nadeln und Blättern. Wie beim SO_2 kann die Schadwirkung von Ozon im Laborversuch nachgewiesen werden. Dennoch lassen sich mit dieser Hypothese die Vielfältigkeit der Symptome und das regional differenzierte Auftreten von Waldschäden ebenfalls nicht überall schlüssig erklären.

Die bekannteste Waldschadenstheorie ist jedoch die der Bodenversauerung, die eng mit dem Begriff des „sauren Regens" verbunden ist. Sie geht davon aus, daß es infolge der sauren Niederschläge zu einer Freisetzung von Schwermetallen und Aluminium im Boden kommt, die toxisch auf die Wurzeln wirken. Gegen diese These spricht jedoch, daß auch basen- und karbonatreiche Böden von den Schäden nicht verschont bleiben, eine deutliche Bodenversauerung nur auf wenigen Standorten festzustellen ist und stark erhöhte Aluminiumkonzentrationen, wie sie zur Schädigung nötig sind, selbst auf versauerten Böden kaum vorkommen. Erst in letzter Zeit sind die hohen Stickstoffimmissionen, insbesondere in Form von Ammoniak (NH_3), als mögliche Schadursache erkannt worden. Durch sie soll es zu einem Stickstoffüberangebot und in Verbindung mit dem dadurch beschleunigten Wachstum zu Nährstoffimbalancen kommen. Gegen diese Theorie spricht aber, daß in den norddeutschen Ländern, wo die höchsten Stickstoffeinträge gemessen werden, die Schäden am niedrigsten sind.

Welches Resümee ist aus all dem für die Zukunft zu ziehen? Keine der Theorien, das ist offensichtlich, kann für sich allein die Fülle der Schadsymptome erklären. Bringt man sie aber auf einen gemeinsamen Nenner, so ist es im Grunde völlig unerheblich, welche von ihnen die gravierendsten Auswirkungen hat und der Wahrheit am nächsten kommt: Schädigungsfaktor sind bei allen Hypothesen Luftschadstoffe, die ausnahmslos in unserer energetisch aufwendigen Lebensweise begründet liegen. Und das führt zum zweiten unsicheren Prognosefaktor, der Abschätzung künftiger Umwelteinflüsse.

Bezieht man deren Entwicklung in die Betrachtungen mit ein, so beginnt die Perspektive für den Wald spürbar düsterer zu werden. Die anfänglich recht erfolgreiche Reduzierung der Schadstoffemissionen wird nämlich zunehmend schwieriger. Handelte es sich früher vor allem um industrielle Freisetzung von Schadstoffen aus Punktquellen, so haben jetzt lineare und Gebietsquellen (Straßen und Ballungsräume) deren Rolle übernommen. Das hat zur Folge, daß sich die Zahl der Emittenten vervielfacht hat und der unmittelbare Zugriff auf den einzelnen Verursacher schwieriger wird. Überdies unterliegen viele der freigesetzten Stoffe, insbesondere die beim Autoverkehr entstehenden Stickoxyde, chemischen Veränderungen, die zur Bildung von sekundären Luftverunreinigungen führen. Deren spektakulärste Form ist das Ozon. Berücksichtigt man weiter, daß die Waldschadenserhebungen nur den oberirdischen Zustand der Bäume erfassen, die unterirdischen, latenten, also die mit bloßem Auge nicht wahrnehmbaren Schäden aber nicht in den Statistiken zum Ausdruck kommen, so wird deutlich, daß wir uns vom heutigen guten Zustand des Waldes nicht täuschen lassen dürfen.

Zwar stellte der Waldbauer Alfred Dengler bereits 1930 fest, „der Wald ist seiner Natur nach gar kein solches Kräutlein Rühr-mich-nicht-an . . ., er ist im Gegenteil zäh, so zäh, wie kaum eine andere Pflanzengemeinschaft", doch stößt jede Belastbarkeit und Anpassungsfähigkeit irgendwann an ihre Grenze. Das gilt insbesondere vor dem Hintergrund, daß die für die notwendige Anpassung der Wälder benötigten Zeiträume wegen der zahlenmäßigen Zunahme der Menschheit und deren „Erfindungsreichtum" bei der Produktion von Schadstoffen immer kürzer werden. Am besten kann das am Beispiel des Kraftfahrzeugverkehrs — dieser Bereich ist heute und in Zukunft als der Hauptfaktor im Emissionsgeschehen zu betrachten — demonstriert werden. Nach Angaben des Bundesumweltministeriums wird der motorisierte Individualverkehr in Deutschland im Jahr 2010 auf bis zu 885 Milliarden Personenkilometer (pkm) pro Jahr (1988: 634 Milliarden pkm) steigen, der Güterverkehr auf der Straße sich mehr als verdoppeln (1988: 113 Milliarden Tonnenkilometer [tkm]; 2010: 257 Milliarden tkm).

Es ist naheliegend, angesichts solcher Zahlen nach dem Gesetzgeber zu rufen und strengere Vorschriften zu fordern. Das aber ist genau der Punkt, an dem es in unserem Lande krankt. Nicht der Gesetzgeber ist es, der für diese Situation verantwortlich zu machen ist, sondern jeder einzelne Bürger sollte sich persönlich durch sein Verkehrsverhalten in der Verantwortung fühlen. Denn 1991 wurden 82 Prozent des Personenverkehrs im Auto zurückgelegt, nur 18 Prozent mit öffentlichen Transportmitteln!

Unser Wald, das kann man ohne Schönfärberei schlußfolgern, ist nicht so krank, als daß sein Untergang unmittelbar bevorstünde. Soll er aber auch in Zukunft seine vielfältigen Funktionen optimal erfüllen und weitgehend so bleiben, wie wir ihn kennen und schätzen, dann müssen wir unseren Umgang mit den natürlichen Ressourcen gründlich verändern.

„Ökologische" Land- und Forstwirtschaft — ist das die Zukunft?

Die westlichen Industrieländer sind heute dank ihrer fleißigen wie innovativen Landwirte und dank der Errungenschaften von Industrie und Wissenschaft von der früheren Angst um den Erhalt der Ernährungsgrundlage befreit. Sie haben keinen Mangel an Nahrungsmitteln mehr, sondern teilweise beträchtliche Überschüsse, wobei diejenigen auf dem Rindfleisch-, Milch- und Getreidemarkt besonders spektakulär und kostspielig sind. Unsere Agrarprobleme haben sich gewissermaßen umgekehrt, so daß eine Steigerung der landwirtschaftlichen Produktionsintensität nicht auf allen Gebieten fortzuführen ist. Daß diese Feststellung für die übrige Welt nicht zutrifft, steht außer Frage.

Für europäische Landwirte bedeutet dies, daß sie ihre Einkommensziele grundsätzlich immer weniger über Produktionsausweitung verfolgen können, sondern sich den enger werdenden Marktspielräumen anzupassen haben. Dem kommt entgegen, daß bestimmte Schichten der Bevölkerung aus gesundheitlichen und teils naturschützerischen Überlegungen nach „ökologisch", „biologisch" oder „alternativ" erzeugten Nahrungsmitteln verlangen. Liegt hier die Lösung von Agrar- und Umweltproblemen?

Der sich mit Begriffen wie ökologisch, biologisch, alternativ oder sonstigen Beiwörtern schmückende Landbau ist nicht immer eindeutig definiert. Bei einzelnen Verfahren spielen Glaubensfragen oder ideologische Beweggründe eine Rolle, die sich einer objektiven Beurteilung entziehen. Außerdem ist das Wort „ökologisch" wie kaum ein anderes Adjektiv zu einem Mode- und Allerweltsausdruck geworden und damit zu einer Worthülse verkommen. Man kann es mittlerweile den von dem Wirtschaftswissenschaftler und Nobelpreisträger Friedrich A. von Hayek geprägten sogenannten Wiesel-Wörtern zuordnen: Wie ein Wiesel dem Ei geschickt den Inhalt heraussaugt, ohne seine äußere Schale zu beschädigen, hat sich durch übermäßige Benutzung auch der Sinn des Begriffs ökologisch weitgehend verflüchtigt, ist er zum Opfer seines inflationären Gebrauchs geworden.

Was versteht man nun im landwirtschaftlichen Bereich — bei aller Vieldeutigkeit des Ausdrucks — unter ökologischer Wirtschaftsweise? Im wesentlichen sind es der Verzicht auf mineralischen Stickstoffdünger und chemische Pflanzenschutzmittel sowie die Berücksichtigung bestimmter, auf die Fläche bezogener Bestandsgrenzen in der Tierhaltung. Im pflanzlichen Bereich muß man bei ökologischer Landbewirtschaftung mit Ernteeinbußen von teilweise 30 bis 50 Prozent rechnen. Besonders problematisch und risikoreich ist der ökologische Anbau von Kartoffeln. Hier kann, wenn etwa die Kraut- und Knollenfäule auftritt, der gesamte Bestand vernichtet werden. Die Ernte wird zum Glücksspiel, die Erträge lassen sich bei Verzicht auf Pflanzenschutzmittel nicht mehr kalkulieren.

Am Beispiel der ökologischen Milchviehhaltung auf einem Grünlandstandort, wie er etwa im bayerischen Alpenvorland anzutreffen ist, sollen exemplarisch die Voraussetzungen sowie die produktionstechnischen, ökonomischen, arbeitswirtschaftlichen und energetischen Aspekte dieser Wirtschaftsweise erläutert werden.

Ökologische Milchviehhaltung bedingt im allgemeinen:

— daß die Kälberaufzucht bis zur 6. Lebenswoche durch Vollmilch geschieht,

— daß zugekaufte Futtermittel (Kraftfutter) aus ökologischem Anbau stammen,

— daß der maximale Tierbestand 1,4 Dungeinheiten (DE) pro Hektar Betriebsfläche beträgt (eine Kuh entspricht 0,7 DE),

— daß die Stickstoffdüngung nur mittels betriebseigener Gülle oder Festmist erfolgt

— und daß chemische Unkrautbekämpfung — auf Grünland handelt es sich in erster Linie um die Bekämpfung von Ampfer — nicht zugelassen ist.

Geht man davon aus, daß nach der Umstellung auf ökologische Wirtschaftsweise die gleiche Kuhzahl wie vorher gehalten wird — was aus Einkommensgründen erforderlich ist —, so ergeben sich im wesentlichen folgende produktionstechnische Änderungen:

— Durch den Wegfall der mineralischen Stickstoffdüngung und den daraus resultierenden Naturalertragseinbußen entsteht ein Mehrbedarf an Grünlandfläche von 20 bis 30 Prozent.

— Wegen der größeren Fläche sind schlagkräftigere Spezialmaschinen (Großschwader, Kreiselzettwender, Kurzschnittladewagen) und eventuell ein leistungsfähigerer Schlepper notwendig.

— Da die betriebseigene Gülle, um Nährstoffverluste möglichst niedrig zu halten, vorzugsweise während der ersten Hälfte der Vegetationsperiode ausgebracht werden sollte, ist ein Ausbau der Güllelagerkapazität erforderlich.

Zieht man die Minderkosten (Wegfall von mineralischem Stickstoffdünger und chemischen Unkrautbekämpfungsmitteln) von den Mehrkosten (Vollmilch anstelle von Milchaustauscher in der Kälberfütterung; ökologisch statt konventionell erzeugtes Kraftfutter; Zupacht von Grünland; zusätzliche Betriebskosten aufgrund der Flächenausdehnung; Abschreibungen und Zinsansprüche für zusätzliches Anlagevermögen) ab, so errechnet sich bei einem angenommenen Milchkuhbestand von 50 Tieren plus Nachzucht und einer jährlichen Milchleistung von 5000 kg pro Kuh eine über die konventionelle Milcherzeugung hinausgehende Kostenbelastung von

5 bis 7 Pfennig pro kg Milch (Stand 1994). Das bedeutet, daß der Milchpreis für den Bauern mindestens um diesen Betrag höher sein muß, damit eine Umstellung von konventioneller zu ökologischer Milchkuhhaltung auch wirtschaftlich tragbar ist. Dabei ist der höhere Arbeitsaufwand der Landwirtsfamilie noch nicht berücksichtigt.

Dieser Mehraufwand ergibt sich in erster Linie bei der Futtergewinnung; er resultiert aus der größeren Betriebsfläche und der mechanischen Unkrautbekämpfung. Rechnet man bei konventioneller Wirtschaftsweise für die Futtergewinnung pro Jahr und Milchkuh mit rund 25 Arbeitsstunden, so kommen bei ökologischer Haltung etwa 6 Arbeitsstunden pro Milchkuh hinzu. Im geschilderten Beispiel wären das bei 50 Milchkühen rund 300 zusätzliche Arbeitsstunden pro Jahr. Daß diese in Zeiten arbeitsmäßiger Spitzenbelastung, d. h. während der Futterernte, geleistet werden müssen, ist selbst für den landwirtschaftlichen Laien einsichtig.

Der Arbeitsaufwand steigt weiter, wenn der Landwirt seine Erzeugnisse selber verarbeitet und vermarktet. Zwar kann er bei Direktvermarktung im allgemeinen höhere Gewinne erzielen, sie gehen jedoch immer zu Lasten des Arbeitseinsatzes der Bauersfamilien. Dies in einer Zeit, in der in anderen Wirtschaftszweigen intensiv über Arbeitszeitverkürzung, Freizeitausgleich oder Teilzeitarbeit verhandelt wird.

Unter energetischen Gesichtspunkten ist ökologische Landbewirtschaftung nicht so günstig einzustufen, wie es der wohlmeinende, aber deswegen

nicht unbedingt sachkundige außerlandwirtschaft-
liche Betrachter erwartet. Im Fall des beschriebenen Milchviehbetriebs — und beim ökologischen
Ackerbau ist es im Prinzip nicht anders — muß
man sich vergegenwärtigen, daß für eine bestimmte Menge ökologisch erzeugter Milch eine
größere Landfläche zu bearbeiten ist als bei konventioneller Wirtschaftsweise. Daraus ergeben sich
sowohl ein gesteigerter Kraftstoffverbrauch als
auch höhere Schlepper- und Maschinenabnutzun-
gen, die sich energetisch ebenfalls niederschlagen.
Dieser Aufwand steigt zudem überproportional an,
wenn zugepachtete oder zugekaufte Flächen weit
vom Betrieb entfernt liegen. Dem stehen zwar
energetische Einsparungen bei der Produktion und
Ausbringung von mineralischem Stickstoffdünger
sowie chemischen Pflanzenschutzmitteln gegenüber. Wenn sich andererseits aber die Konsumenten, wie das bei landwirtschaftlicher Direktvermarktung häufig der Fall ist, jeweils einzeln mit
ihren Kraftfahrzeugen in Richtung „Bio-Bauern-
hof" in Bewegung setzen und man den dabei entstehenden Energieaufwand mit in die Rechnung
einbezieht, könnte eine bestimmte Gewichtseinheit
eines ökologisch erzeugten Gutes letztlich mit
mehr Energieverbrauch belastet sein als jenes konventioneller Herkunft, das man im nächstgelege-
nen Supermarkt erwirbt. Auf diesem Gebiet sind
sicher noch genauere Analysen und Berechnungen
anzustellen. Aber daß ökologisch erzeugte
Nahrungsmittel im Vergleich zu konventionellen
per se energiefreundlicher wären, ist offensichtlich

einer der vielen Mythen unserer ökologisch orientierten Zeit.

Wenn hier am Beispiel der ökologischen Milchkuhhaltung mit fast pädagogisch-penetrant anmutendem Eifer die Folgen für den Landwirt und seine Familie geschildert wurden, dann, um zu demonstrieren, daß der publikumswirksame Ruf nach mehr ökologischem Landbau nicht genügt, um Bauern zur Umstellung zu bewegen. Es gilt vielmehr, ein großes Verbraucherpotential zu schaffen, das bereit ist, höhere Preise für die kostenaufwendiger erzeugten Nahrungsmittel zu bezahlen. Hier liegt das Problem. Es mangelt garantiert nicht an der Bereitschaft der Bauern, auf ökologischen Landbau umzusteigen. Mit einem weiteren Mythos muß ebenfalls aufgeräumt werden: In der breiten Öffentlichkeit herrscht der Eindruck vor, daß zwischen konventionellen und ökologischen Landwirten eine breite Kluft existiere. Diese Kluft gibt es aber weder in fachlicher Hinsicht, denn beide Seiten bemühen sich, voneinander zu lernen, noch unter weltanschaulichen, ideellen Aspekten. Bei einschlägigen Untersuchungen äußerten sich nur wenige konventionelle Landwirte ablehnend über „Bio-Bauern". Die meisten Befragten hatten vielmehr von ihren alternativ wirtschaftenden Berufskollegen eine ausgesprochen positive Meinung. Auch sollte man nicht vergessen, daß die ökologische Landbewirtschaftung aus der konventionellen hervorgeht und wir uns diese extensivere Wirtschaftsweise nur deshalb leisten können, weil die konventionelle Landwirtschaft Produktionsüberschüsse erwirtschaftet.

Nach dem Agrarbericht der Bundesregierung 1994 ist im ökologischen Landbau ein längerfristiger Rückgang der Erzeugerpreise zu beobachten. Dies ist auf eine sich abzeichnende Sättigung des Marktes für dessen Produkte zurückzuführen, obwohl in Deutschland bislang nur etwa 0,7 Prozent der landwirtschaftlichen Flächen ökologisch bewirtschaftet werden. Je mehr Betriebe in Zukunft von herkömmlicher auf ökologische Erzeugung umstellen, desto schwieriger wird es für die Landwirte werden, die der ökologischen Wirtschaftsweise angemessenen Preise zu erzielen. Die Leute reden zwar viel von Ökologie und alternativer Landbewirtschaftung, sobald es aber um den Kauf von Nahrungsmitteln geht, zählt für die Mehrheit der Verbraucher nur der Preis. Aus Volkswirtschafts- wie Umweltgesichtspunkten wäre eine mit Produktionsextensivierung verbundene Umstellung auf ökologischen Landbau unter heutigen Bedingungen durchaus anzustreben. Voraussetzung dafür ist aber, daß dies von den Verbrauchern mitgetragen und honoriert wird. Wenn Politiker vollmundig nach mehr ökologischem Landbau rufen, sollten sie den Konsumenten zuvörderst auf die dafür gerechtfertigten höheren Preise einstimmen. Alles andere ist durchsichtige Wahlpropaganda und Umweltgeschwätz, das einseitig zu Lasten der Bauern geht, die durch ihre tägliche Arbeit mehr Umweltschutz praktizieren als so mancher „Ökoprophet".

In ähnlicher Weise wie die Landwirte leiden die Forstleute unter Fehleinschätzungen. Von naturschützerischer Seite wird der deutsche Wald vielfach als ein einziges künstliches Horrorgebilde aus Fichtenstangen in Monokultur, unansehnlich und ökologisch schädlich, beschrieben. Diese Darstellung steht in krassem Widerspruch zur Realität und zur Wertschätzung, die der Wald — trotz unbestreitbarer Mängel — bei der Bevölkerung genießt. Erst recht entspricht sie nicht der Bedeutung, die er als Teil unserer Kulturlandschaft hat. Obwohl bereits seit mehreren Jahrhunderten unter intensiver forstlicher Bewirtschaftung, stellen die Wälder nach wie vor das naturnaheste Ökosystem dar. In vielen Regionen sind sie einziger Zufluchtsort und Rückzugsgebiet für zahlreiche bedrohte Pflanzen- und Tierarten. Allerdings kann die optimale Erfüllung der vielfältigen Schutzfunktionen, die der Wald für die Gesellschaft erbringt, heute ohne ausgleichende und korrigierende forstliche Maßnahmen nicht gewährleistet werden, denn zu stark sind die zivilisatorischen Beeinträchtigungen durch Infrastruktureinrichtungen, Luftverschmutzung oder partiell zu intensive Erholungsnutzung.

Die große Naturnähe der deutschen Wälder ist dem Umstand zu verdanken, daß es der Forstwirtschaft — und hier sind die Landwirte mit einzubeziehen, die in Deutschland 72 Prozent der Betriebe mit Wald stellen und etwa ein Fünftel der gesamten Waldfläche bewirtschaften — gelungen ist, die Produktion des Rohstoffs Holz unabhängig von der Zufuhr künstlicher, d. h. über die natürliche Sonnenenergie hinausgehender Energie zu steuern. Denn Holz wird in aller Regel ohne Bodenbearbeitung oder Einsatz von mineralischen Düngemitteln erzeugt. Ebenso verzichtet die Forstwirtschaft auf prophylaktischen Pflanzenschutz. Chemische Mittel werden nur dann eingesetzt, wenn durch Schädlingsbefall — wie beispielsweise im Sommer 1994 in Franken durch den Schwammspinner — ein Absterben größerer Waldbestände zu befürchten ist. Zudem handelt es sich bei unseren Wäldern immer noch um natürliche Populationen von Wildpflanzen, da züchterische Veränderungen kaum vorgenommen wurden.

Trotz dieser positiven Feststellungen kommt die Forstwirtschaft nicht umhin, ihre bisherigen Bewirtschaftungskonzepte zu überdenken. Bedingt durch devastierte Standorte, aber auch gefördert durch betriebs- und arbeitswirtschaftliche Überlegungen, wurden natürliche Laubwälder massiv in Nadelwälder umgewandelt. Zusätzlich führten die weitgehende Entmischung der Bestände sowie die Bewirtschaftung als schlagweiser Altersklassenwald, bei dem die Ernte jeweils auf bestimmte, räumlich getrennte gleichaltrige Flächen konzentriert wird, dazu, daß im langjährigen Durchschnitt zwischen 25 und 30 Prozent des Holzeinschlags als Schadholz, also ungeplant, anfallen. Ursachen dafür sind Wind- und Schneebruch, Trockenheit oder Schädlingsbefall. Damit wird nicht nur die langfristige Planung der Betriebe hinfällig, sondern es kann auch immer weniger von „geregelter" Forstwirtschaft die Rede sein.

Die in den letzten Jahren gehäuft aufgetretenen Katastrophen, allen voran die 1990er Orkane „Vivien" und „Wiebke" mit zusammen 75 Millionen m³

Sturmholzanfall allein in Deutschland — das ist etwa das Doppelte des bundesdeutschen Jahreseinschlags —, haben viele Forstbetriebe an den Rand des Ruins gebracht. Das Ausmaß der Schäden bestätigte nicht nur die Labilität der reinen Nadelbestände, sondern führte vor allem zu schweren Ertragsproblemen. Den katastrophenbedingten Mindereinnahmen durch Holz- und Holzzuwachsverluste, eingeschränkte Verwendbarkeit des Schadholzes und Preisverfall stehen zusätzlich erhöhte Aufwendungen für Aufarbeitung, Wiederaufforstung und Forstschutz gegenüber. Überdies wurde gerade der wertvollste Teil der Holzvorräte erheblich dezimiert, so daß in den nächsten Jahren mit deutlich eingeschränkten Nutzungsmöglichkeiten zu rechnen ist.

Während der größte Teil der Schäden in Nadelholzreinbeständen zu registrieren ist, haben Wälder, die natürlichen Bedingungen am nächsten kommen, d. h. Mischwald, vergleichsweise geringe Schäden erlitten. Die Richtung, die die Forstwirtschaft weiterverfolgen muß, ist damit eindeutig vorgegeben: Die Waldwirtschaft der Zukunft muß noch stärker an den natürlichen Gegebenheiten und ökologischen Prozessen ausgerichtet werden. In der Forstwirtschaft wird dafür der Begriff „naturnahe Waldwirtschaft" verwendet, worin Methode wie Zielsetzung gleichermaßen zum Ausdruck kommen.

Diese Forderung gilt verstärkt vor dem Hintergrund, daß als Folge der Klimaänderungen, die in den nächsten Jahrzehnten mit großer Wahrscheinlichkeit zu erwarten sind, künftig noch häufiger mit

Witterungsextremen zu rechnen ist. Im Gegensatz zur Landwirtschaft, die auf Grund des kurzen Anbau- und Erntezyklus verhältnismäßig schnell in der Lage ist, auf geänderte Umweltbedingungen zu reagieren, besteht im Wald erst mit der Verjüngung eines Bestandes, also je nach Baumart zwischen 80 (Fichte, Douglasie) und 240 Jahren (Eiche), die Möglichkeit, einen Bestockungswechsel sinnvoll herbeizuführen. Für die Forstwirtschaft ist es daher von existentieller Wichtigkeit, sowohl die natürliche Angepaßtheit als auch die Anpassungsfähigkeit der Wälder zu erhalten bzw. zu fördern. Je näher ein Bestand den natürlichen, standörtlichen Verhältnissen kommt, desto eher wird er künftigen Gefährdungen trotzen können.

Wenngleich für eine stärker ökologisch ausgerichtete Forstwirtschaft plädiert wird, so muß dennoch klar sein, daß der daraus entstehende Wald kein „Naturschutz"- oder gar Urwald sein kann. Nach wie vor müssen Waldflächen wirtschaftlich intensiv genutzt werden, und muß ihre Behandlung auf höchste Werterträge bei größter Stabilität ausgerichtet sein. Eine Extensivierung oder gar Beendigung der Waldwirtschaft, wie sich das wohl einige erhoffen, ist damit jedenfalls nicht verbunden. Auch im naturnahen Wald muß die Holznutzung eines der Hauptziele sein. Dies ist aus betriebswirtschaftlicher Sicht unbedingt notwendig. Erwähnt werden muß hier, daß es für die Forstwirtschaft nur vergleichsweise bescheidene öffentliche Unterstützung gibt. Im Jahr 1989 entfielen beispielsweise in Bayern ganze 6 Prozent der Einnahmen von Forstbetrieben auf staat-

liche Beihilfen. Der Vorteil naturnaher Wirtschaftsweise, das sollte einleuchten, ergibt sich also nicht
etwa aus einer reduzierten Holznutzung; er liegt vielmehr in der höheren Stabilität der daraus resultierenden Bestände und den damit einhergehenden niedrigeren Risiken.

Was ist nun unter naturnahem Waldbau genau zu
verstehen? Eine der grundlegendsten Voraussetzungen ist die Abkehr vom Denken in Schlägen, deren
typischste Ausprägung der Kahlschlag ist. Pflege,
Ernte und Verjüngung dürfen nicht mehr räumlich
getrennt durchgeführt werden, sondern müssen auf
den einzelnen Flächen zeitgleich stattfinden. Es sind
möglichst standortangepaßte, artenreiche und auf-
einander abgestimmte Baumartenmischungen anzustreben. Solche Bestände sind nicht nur ökologisch
besonders günstig, sondern bieten auch aus ökono-
mischer Sicht höhere Sicherheit, da ein reichhaltig
sortiertes Vorratslager von Schwankungen des
Holzmarktes unabhängiger ist. Gleichzeitig muß die
Bestandespflege auf die Erzeugung qualitativ hoch-
wertigsten Holzes ausgerichtet sein, um gegen die
Importe billiger Massenware, vor allem aus den öst-
lichen Ländern und den weltweit zunehmenden
Plantagen, bestehen zu können. Zugleich kann damit künftiger Ersatz für knapper werdendes Tropenholz geschaffen werden. Aus diesem Grunde sollten
im Rahmen naturnahen Waldbaus seltenere Baumarten, wie beispielsweise Kirsche oder Nußbaum, wieder stärker gepflanzt werden.

Den Gegnern jeglichen Wegebaus im Wald muß
gesagt werden, daß, um Schäden am verbleiben-

den Bestand zu verhindern, für die mit naturnaher Wirtschaft verbundene kleinflächige, im Idealfall stammweise Nutzung eine dichte Wegeerschließung unabdingbare Voraussetzung ist. Ebenso bedeutet kleinflächige Arbeit geringere Holzentnahme pro Eingriff sowie häufigere Hiebswiederkehr und damit einen deutlich höheren Arbeitsaufwand für die Forstleute vor Ort. Der in den staatlichen Forstverwaltungen unter dem Druck des öffentlichen Sparzwanges zu beobachtende Stellenabbau läuft daher einer naturnahen Wirtschaftsweise zuwider. Überhaupt wird die Umstellung nur gelingen, wenn noch ausreichend Arbeitskräfte für die trotz technischer Fortschritte körperlich anstrengende und zudem gefährliche Waldarbeit gefunden werden können. Denn bei der beschriebenen Wirtschaftsweise wird Maschineneinsatz schwieriger und ist wegen der nachteiligen Wirkungen auf den Boden auch nicht zu befürworten. Ein Schritt in die richtige Richtung ist, daß in den meisten Bundesländern für die Anschaffung von Pferden zur waldpfleglichen Holzrückung staatliche Zuschüsse gezahlt werden. Es wäre außerdem dringend geboten, verstärkt in die Ausbildung von Waldarbeitern und insbesondere Waldbauern zu investieren, um für einen entsprechend qualifizierten Nachwuchs zu sorgen.

Die angesprochenen Veränderungen sind nicht von heute auf morgen zu bewerkstelligen. Es wird selbst bei optimalem Einsatz aller Beteiligten noch mehrere Jahrzehnte dauern, bis der überwiegende Teil des Waldes auf naturnahe Bestandesformen umgestellt ist.

Außerdem liegt es nicht in der alleinigen Verantwortung der Forstleute, ob und in welcher Zeit es
gelingt, naturnahen Wald zu schaffen. Alle Ansätze
zu einem neuen Waldwesen drohen zu scheitern,
wenn nicht endlich die Schalenwildbestände auf ein
Maß zurückgeführt werden, wie es den naturräumli-
chen Gegebenheiten tatsächlich entspricht. Hierzu
ist es dringend nötig, die erforderlichen Maßnahmen, wie beispielsweise eine Verlängerung der Jagd-
zeiten für Rehböcke oder die Freigabe des Schrot-
schusses auf Rehwild, auch gegen den Widerstand
der einflußreichen privaten Jägerlobby, durchzuset-
zen. Daß die Naturschützer in dieser Sache mit den
Forstleuten an einem Strang ziehen, mag als hoff-
nungsvolles Zeichen für eine bessere Zukunft des
Waldes gelten. Forst- und Holzwirtschaft könnten
jedenfalls der erste Wirtschaftszweig sein, der ein er-
neuerbares Gut wirklich im Einklang mit der Natur
zu bewirtschaften versteht, und das nahezu ener-
gieautark.

Marktwirtschaft, Demokratie und Unternehmertum als Lösungstrio

Ein besonders augenfälliges Beispiel dafür, was
Marktwirtschaft in einer Demokratie mit freiem Un-
ternehmertum für den wirtschaftlichen und sozialen
Fortschritt leisten kann, bietet die Bundesrepublik
Deutschland. Sicher hat zum Aufschwung nach dem
Zweiten Weltkrieg auch die Marshallplanhilfe der
USA als Anschubinitiative beigetragen. Aber die

Höhe der Zuwendungen machte nur einen winzigen Bruchteil dessen aus, was die Dritte Welt seit Jahrzehnten an Entwicklungshilfe erhält. Während die relativ geringe Unterstützung der Bundesrepublik zu einem von aller Welt bestaunten „Wirtschaftswunder" führte, scheint Entwicklungshilfe in der Dritten Welt weitestgehend nutzlos zu verpuffen. Anstatt, wie es das proklamierte Ziel ist, die Hilfestellung irgendwann überflüssig zu machen, steigt der Bedarf dafür ständig weiter an.

Nach neuerlichen Berechnungen der Weltbank war die Zahl der Armen in der Welt, d. h. der Menschen, die pro Tag mit weniger als einem Dollar auskommen müssen, noch nie so groß wie jetzt. Dabei nahm die Armut vorwiegend in Schwarzafrika, dagegen weniger im südostasiatischen Raum zu. Die in Afrika vielfach ausprobierten Entwicklungsmodelle — östliche, westliche und eigenständig afrikanische — haben offenbar samt und sonders versagt. War man in den sechziger Jahren noch davon überzeugt, innerhalb weniger Jahrzehnte den Anschluß an die Standards der nördlichen Industriestaaten schaffen zu können, so ist genau der umgekehrte Fall eingetreten: Der Mehrheit der Afrikaner geht es schlechter als je zuvor. Das betrifft selbst Länder wie Nigeria oder Zaire, die über gewaltige Bodenschätze verfügen, aber den Sprung aus Armut und Elend dennoch nicht schaffen.

Die Machteliten der Entwicklungsländer haben sich hingegen die materiellen Segnungen und Lebensformen der Industrieländer längst zu eigen gemacht. Um sich diese Vorteile künftig zu sichern, erscheint es ihnen nachgerade als dringende Notwendigkeit, die große Masse des Volkes von den ideellen Errungenschaften des Westens, wie Demokratie und Marktwirtschaft, fernzuhalten. Sie haben sich sozusagen in Äußerlichkeiten verwestlicht, ohne sich zu modernisieren. Die staatliche Entwicklungshilfe trägt ungewollt dazu bei, diese fortschrittshemmenden, egoistischen Machtstrukturen zu stützen.

Nicht selten wird die Meinung vertreten, allein eine Reform der Weltwirtschaftsordnung könnte hier Abhilfe schaffen. Gemeint sind damit in erster Linie ein großzügiger Nachlaß der Dritte-Welt-Schulden, verstärkte Öffnung der Märkte der Industrieländer für Erzeugnisse aus den Entwicklungsländern und schließlich eine Umgestaltung der Handelsbedingungen zugunsten der armen Länder. So vernünftig wie richtig im Prinzip die Erfüllung dieser Forderungen sein mag — und die Erste Welt ist der Dritten Welt in vielen Punkten schon sehr weit entgegengekommen —, so wenig wird dies nützen, wenn dadurch lediglich die Machteliten und ihre korrupten Methoden zementiert werden.

Bringt demnach nur eine bedingungslose Demokratisierung, die eine Abwahl der jetzigen Machtinhaber bedeuten müßte, die Lösung von Hunger- und Armutsproblemen in der Dritten Welt? Oder ist es genau umgekehrt, kann man sich Demokratie mit all ihren bekannten Schwächen nur leisten, je einträglicher die wirtschaftlichen Verhältnisse sind?

„Die vielen Beispiele für offensichtlich erfolglose Demokratisierungsbemühungen auf dem afrikanischen Kontinent werfen die Frage auf", so der Entwicklungsexperte Rainer Gepperth, „ob es in diesen Ländern bisher nicht beachtete Faktoren gibt, die einer Demokratisierung nach westlichem Vorbild entgegenstehen. Diese Frage erscheint um so dringlicher, wenn man in Betracht zieht, daß alle ehemaligen Kolonien in Afrika bei ihrer Unabhängigkeit zunächst demokratisch strukturierte Systeme (meist nach dem Vorbild des Mutterlandes) hatten, diese aber innerhalb relativ kurzer Zeit verschwanden." Gepperth sieht demnach zwei wichtige Ursachen für das Scheitern der Demokratie in Afrika:

1. Die überragende Bedeutung der ethnischen Zugehörigkeit, die sich auf alle Bereiche des Lebens bis hin zu den beruflichen Karrierechancen erstreckt.

2. Das Verständnis von Herrschaft als privatrechtlichem Besitzverhältnis. Aufgrund dieses Verständnisses ist Macht nicht nur an ein Amt gebunden, sondern de facto an die Person, die das Amt innehat. Diese Person hält es daher für legitim, die Macht nicht nur im Rahmen eines wie auch immer erteilten politischen Auftrags zu nutzen, sondern sie überdies in den Dienst eigener Ziele und persönlicher Bereicherung zu stellen.

Neben diesen beiden eher im privaten Bereich angesiedelten Beweggründen greift noch eine übergeordnete Überlegung: Die ehemaligen imperialen Mächte, allen voran die klassische Kolonialmacht Großbritannien, sind seit langer Zeit liberale, rechtsstaatliche Demokratien. Für deren frühere Kolonien, die heute fast alle zu den Entwicklungsländern zählen, stellt dies die Staatsform der „kolonialen Unterdrücker" dar. Man wollte bei seinen Bemühungen um möglichst weitgehende Lösung aus der Obhut der Kolonialherren, und im Zuge der Bestrebungen nach Eigenständigkeit ist das verständlich, von diesen durch die einstigen Kolonialmächte verkörperten sozialen und politischen Strukturen loskommen und an ihrer Stelle aus der eigenen Tradition hervorgegangene Leitbilder bei der Gestaltung von Gesellschaft, Wirtschaft und Politik verwirklichen.

Viele Länder, besonders auf dem afrikanischen Kontinent, endeten aber beim totalitären, marxistisch-leninistischen Sozialismus. Sein Zusammenbruch in der Sowjetunion und ihren früheren Satellitenstaaten hat an diesen Verhältnissen bisher wenig geändert. Unter den derzeit 184 Mitgliedstaaten der Vereinten Nationen sind kaum drei Dutzend Demokratien westlicher Prägung. In Schwarzafrika gibt es keine einzige, die sich an den europäischen Demokratien auch nur entfernt messen ließe. Der in Afrika zu beobachtende Trend der vergangenen Jahre, von Ein- auf Mehrparteiensysteme überzuwechseln, hat nach dem Politikwissenschaftler Peter Molt wenig mit einem Siegeszug der Demokratie gemein, sondern stellt lediglich eine andere Qualität in der inneren Auseinandersetzung um die Neuverteilung von Macht und Ressourcen dar. Folgt also der totalitären die demokratische Ausbeutung der Dritte-Welt-Bevölkerung durch ihre Machthaber?

In der Tat spricht vieles dafür, daß, wenn überhaupt, nur die äußeren demokratischen Formen übernommen werden, ansonsten sich für den Mann auf der Straße wenig ändert. Demokratie bedeutet aber, daß sie weniger durch Äußerlichkeiten wirkt als durch die sie durchdringende Geisteshaltung der freien Entscheidung. Gerade an dieser Einstellung gebricht es den selbstsüchtigen und verantwortungslosen Machteliten der Dritten Welt. Nicht wenige Beispiele zeigen, daß es durch „Demokratisierung" unter Umständen noch schlimmer als vorher kommen kann. Demokratien à la Benazir Bhutto und Corazon Aquino haben den Prozeß der Selbstbedienung und Plünderung ihrer Länder nicht beendet, sondern nur die Zahl der Teilnehmer am Verteilungspotential sowie die Dringlichkeit erhöht, noch vor den nächsten Wahlen seine Beute zu sichern. Nicht ungesagt soll bleiben, daß es auch in den westlichen Ländern eine zunehmend größer werdende Schar von Politikern gibt, deren Engagement für Demokratie ähnlich zu interpretieren ist. Daß sich dies dort bisher weniger staatsgefährdend als in Entwicklungsländern auswirkte, hängt mit der größeren finanziellen Manövriermasse und den Medien zusammen, die Mißstände auf diesem Gebiet meist schnell aufdecken. Nicht immer sind westliche Politiker für ihre Kollegen in der Dritten Welt ein gutes Vorbild.

Demokratie nützt wenig — das sei dem neuen Südafrika ins Stammbuch geschrieben —, wenn nicht stabile politische, öffentliche und wirtschaftliche Verhältnisse gegeben sind, und damit die Sicherheit für den einzelnen gewährleistet ist. Wie Gerd Behrens feststellt, strömte vor allem in den sechziger und siebziger Jahren ausländisches Kapital nach Südafrika, also zu einem Zeitpunkt, als die Rassentrennung ihren Höhepunkt erreicht hatte. Die wirtschaftliche Attraktivität Südafrikas ließ dann in dem Maße nach, wie die politische Demokratisierung voranschritt. „Wenn die Erfahrungen von Südafrikas Anrainern ein nützlicher Anhaltspunkt sind", schlußfolgert Behrens, „muß man wohl bezweifeln, daß Unternehmer investitionsgierig an der Sanktionskette zerren. Als aus dem weißregierten Rhodesien das schwarzregierte Simbabwe wurde, kehrte von den Konzernen, die das Land zu Zeiten der Quarantäne verlassen hatten, nur ein Ketchup-Fabrikant zurück. Und dieser wählte Simbabwe als politisch korrekten Standort, um den Markt am Kap zu beliefern. Dem seit 1990 unabhängigen Namibia (Südwestafrika) ging es nicht viel besser." Daraus soll natürlich kein Plädoyer für Apartheid herausgelesen werden, aber es sei deutlich gesagt, „daß — von ausgesprochen korrupten Fällen abgesehen — bekämpfte autoritäre Machthaber auch Ordnungsfunktionen wahrnehmen, mit denen sie nicht nur ihre Privilegien, sondern gleichzeitig die Lebensgrundlage aller anderen mehr oder weniger mit absichern, und daß die revolutionäre Befreiung zum Verderben führt, wenn sie gleichzeitig die Existenzgrundlage der Befreiten vernichtet" (Heinz-Dietrich Ortlieb). Dieser Ordnungsfunktion haben die früheren weißen Regierungen Rhodesiens, Südwestafrikas und Südafrikas durchaus genügt, während die mindestens ebenso autoritären schwarzen Machthaber vieler afrikanischer Staaten nicht einmal dazu imstande sind.

Afrikas schwarze Regime, allen voran die ehemaligen Präsidenten von Tansania und Sambia, Nyerere und Kaunda — von Ugandas Obote und Amin gar nicht zu reden —, haben auch dafür gesorgt, daß etwa die in diesen Ländern das Wirtschaftsleben prägenden Inder in ihren Aktivitäten beschränkt wurden, wenn man sie nicht gar vertrieb. Dies geschah eindeutig aus rassistischen Gründen — und die sonst über Rassismus und Apartheid sich lautstark artikulierenden Gruppen und Grüppchen im Westen einschließlich der Kirchen haben dazu geschwiegen. Der Schaden, der durch diesen Exodus an risikofreudigen und enorm fleißigen Unternehmern in den schwarzafrikanischen Ländern entstand, wirkt noch nach. Wer sich bewußt und sehenden Auges seiner Leistungseliten selbst beraubt, dem ist nicht zu helfen, schon gar nicht durch Entwicklungshilfe, die überwiegend den Staatsapparaten solcher Länder zufließt. Wer den armen Ländern wirklich wohlgesonnen ist, der muß sich auf die Förderung der Privatwirtschaft, auf die Stärkung des Unternehmertums konzentrieren. Aber auch hier gilt leider, daß der Westen — trotz des eindeutigen Fehlschlags der staatlichen Planwirtschaft im Osten — offenbar zusehends Zweifel am Wert der Marktwirtschaft und des Unternehmertums hat. Sicher kann man eine Wirtschaft auch kapitalistisch ruinieren, aber das modische Gerede, man dürfe den Entwicklungsländern nicht die westlichen Werte Marktwirtschaft, Demokratie und Unternehmertum überstülpen, ist nachweisbar falsch.

Freilich bringt es nichts, sich lediglich mit Demokratie im formalen Sinne zufriedenzugeben, denn Wahlen und ein daraus hervorgehendes Parlament lösen vorderhand kein einziges Problem. Die eigentliche Arbeit beginnt danach; das wird am Beispiel Südafrikas überdeutlich. Beschämend ist es deshalb, wenn sich sogenannte Antiapartheidbewegungen am Prozeß der eigentlichen Demokratisierung nicht mehr beteiligen. Ein besonders schlechtes Beispiel lieferte die Projektgruppe Südafrika der Evangelischen Frauenarbeit in Deutschland, die nichts mehr von Südafrika wissen wollte und sich auflöste, als abzusehen war, daß sich die Weißen mit den Schwarzen auf einer Verhandlungsbasis einigen würden. Man bekommt bei all dem das Gefühl, daß es den Protagonisten weniger um Freiheit und Menschenrechte als vielmehr um die Zurschaustellung der eigenen moralischen Überlegenheit geht. Ein paar publikumswirksame Aktionen und Solidaritätsbekundungen, abgestellt auf den jeweils gängigen Sündenbock des „Weltgewissens", genügen aber bei weitem nicht. So einfach ist Demokratie nun einmal nicht zu haben und schon gar nicht zu bewahren.

Europa und der Westen haben sich Demokratie und Marktwirtschaft in Jahrhunderten erkämpft und erstritten, schmerzliche Rückfälle bleiben nicht aus. Auch für die Entwicklungsländer gibt es keinen „Königsweg", der sie komplikationslos zum Ziel führt, aber sie können, selbst an negativen Beispielen, vom Westen lernen. Das wird ihnen um so leichter fallen, je mehr der Westen selbst davon überzeugt ist und danach handelt, daß Demokratie, Marktwirtschaft und Unternehmertum die besten Voraussetzungen für sozialen und wirtschaftlichen Fortschritt sind. Dabei sollte für die Politik das Motto gelten, so wenig zentrale Macht wie nötig, so viel Selbständigkeit kleiner und kleinster Einheiten wie möglich; im Wirtschaftsleben ist auf Klein- und Mittelbetriebe zu setzen. Was hierzu der Westen vernünftig vorlebt, ist in seinen positiven Wirkungen wesentlich höher einzuschätzen als noch so großzügige materielle Entwicklungshilfe.

Was sich ändern muß!

Von den besonders eifrigen Verfechtern eines größeren Schutzes der Umwelt und von mehr Wohlstand für die Dritte Welt wird nicht selten der Eindruck erweckt, als ob diese Ziele nur zu erreichen seien, wenn die Bewohner der Industrieländer in Sack und Asche gehen. Dabei dreht es sich in vielen Dingen aber gerade um eine Verbesserung und nicht um eine Verschlechterung der Lebenssituation. Verschlechtern wird sie sich freilich für diejenigen, die weiterhin ungehemmt den (falschen) Maßstäben einer schädlichen Verbrauchs- und Wegwerfgesellschaft anhängen.

Es muß sich viel ändern, damit die menschliche Rasse Überlebenschancen hat. So ist, selbst wenn dies in den Ohren nicht weniger Menschen reaktionär oder zumindest verstiegen klingt, ein Wertewandel erforderlich, wie er etwa in dem preußischen Ausspruch „Mehr sein als scheinen" (Alfred Graf von Schlieffen) zum Ausdruck kommt. Die von unseren Altvorderen so perfekt eingeübte und manchmal bis zum Exzeß betriebene Kultur der Dauerhaftigkeit und der Sparsamkeit sollte wieder Vorbild im Umgang mit materiellen Gütern werden. Dazu ein vielleicht skurril anmutendes Beispiel aus England, wo „common sense" und die Anhänglichkeit an erprobt Traditionellem im allgemeinen eher als Tugenden gelten denn anderswo. So wurde der frühere Premierminister Harold Macmillan bei einem Jagdausflug mit einer Hose gesichtet, die mit einem Flicken ausgebessert war. Das Foto davon ging durch die Zeitungen und wurde von einigen Kommentatoren spaßhaft als Beleg für den Niedergang der britischen Wirtschaft nach dem Zweiten Weltkrieg gewertet. Die Reaktion aus dem Hause des Premiers ließ nicht lange auf sich warten: Die Hose sei aus gutem Tuch und von einem hervorragenden Handwerksmeister geschneidert worden, und da sie schließlich erst 35 Jahre alt sei, sehe man keinen Grund, sie wegen des Risses, der beim Übersteigen eines Zaunes entstand, wegzuwerfen. Die Hose sei vielmehr säuberlichst geflickt worden, und der Premier gedenke, sie selbstverständlich weiterhin zu tragen. Es muß, diesem Beispiel folgend, wieder zum guten Ton gehören, sich haushälterisch in des Wortes wahrster Bedeutung zu verhalten. Daraus erwächst dann automatisch eine bewahrende Einstellung gegenüber Natur und Umwelt.

Auch Recycling, dessen sollte man sich bewußt werden, ist kein Allheilmittel gegen Ressourcenschwund und Umweltverschmutzung. Zum einen entsteht bei der Wiederverwertung von gebrauchten Waren und Gütern wegen der notwendigen Transporte und der je nach Abfallgut gearteten Aufarbeitung ein erheblicher Energieaufwand. Zum anderen erscheinen durch den bloßen Gedanken des Recycling, so begrüßenswert der Vorgang im Einzelfall sein mag, schnelles Verbrauchen und Wegwerfen weiterhin als umweltkonform. Die aufstrebende Recyclingindustrie braucht ja, um prosperieren zu können, ständigen Nachschub an Material, entspricht damit eher den Vorstellungen der Wegwerfgesellschaft, als daß sie diesen entgegenträte. Für die anzustrebende Kultur der Dauerhaftigkeit sollte aber Recycling nicht der Normalfall, sondern allenfalls die Ausnahme am Ende einer langen Nutzungsdauer von Waren und Gütern sein. Der Slogan „Müllvermeidung statt Müllbeseitigung" weist hier durchaus in die richtige Richtung.

Wenn trotz allem nicht mehr verwertbarer Müll entsteht, und so ganz wird es sich nicht vermeiden lassen, dann ist der Verbrennung der Vorzug zu geben. Dies hat zudem den Vorteil, daß Energie gewonnen wird. Lediglich Müllhalden anzulegen, die irgendwann überquellen, bedeutet ein schmutziges und teilweise sogar giftiges Erbe für kommende Generationen. Der schlechte Ruf der Müllverbrennungsanlagen — in Deutschland gibt es derzeit rund fünfzig, die jährlich ungefähr neun Millionen Tonnen Müll verarbeiten — ist dank weiterentwickelter Verbrennungs- und Filtertechnik nicht mehr gerechtfertigt. Für die erste Generation von Verbrennungsanlagen mochte bis in die siebziger und achtziger Jahre hinein die Bezeichnung „Dioxinschleudern" durchaus noch zutreffen. Inzwischen ist jedoch die Technik weiter fortgeschritten; außerdem sorgen scharfe Betriebsauflagen für eine Entlastung der Umwelt. Künftig dürfen aus den Müllöfen maximal 0,1 Nanogramm (ein Zehntel eines milliardstel Gramms) Dioxin pro tausend Liter Abluft entweichen. So schreibt es die 17. Verordnung zum Bundesimmissionsschutzgesetz für Verbrennungsanlagen vor. Wesentlich größere Giftmengen schleudern privater Hausbrand und Straßenverkehr in die Atmosphäre. Aber wie die Recyclinganlagen, so sollte auch die Müllverbrennung, und sei sie technisch und ökologisch noch so befriedigend gelöst, kein Freibrief für unbedenklichen Güterverbrauch und ungehemmte Müllproduktion sein.

Es genügt also nicht, um es polemisch-pointiert auszudrücken, den Joghurtbecher auszuwaschen und in den gelben Plastiksack zur getrennten Abholung zu stecken. Ändern muß sich grundsätzlich die Einstellung der Menschen gegenüber den materiellen Gütern jeglicher Art. Nicht Mode und schnelle Austauschbarkeit der Waren, sondern deren Langlebigkeit und möglichst häufiger Gebrauch müssen zum Kaufkriterium werden. Daß es dazu kommt, dafür ist in unserer marktwirtschaftlichen Ordnung in erster Linie der Käufer und weniger das produzierende Gewerbe einschließlich der Großindustrie verantwortlich. Denn diese richten sich bekanntlich nach den Wünschen der Nachfrager. Das Gejammere über eine umweltschädigende Industrie ist deshalb nichts anderes als ein Abschieben von Verantwortung. Jeder hat es mittels seiner Einkäufe und Verbrauchsgewohnheiten letztlich selbst in der Hand, was und wie produziert wird. Positive Anstöße werden hier beispielsweise durch die exemplarische Aktion „Möbel für den ländlichen Raum" der Bayerischen Staatsregierung gegeben. Ohne Brauchtümelei oder anbiedernde Rustikalität fördert man Möbelstücke, die aller Voraussicht nach auch die nächste Generation bereitwillig übernimmt, ja an denen selbst die Enkel und Urenkel noch Freude haben können. „Heute", so heißt es dazu in einer Stellungnahme, „sind Einrichtungen meist Konsumgut. Häufig überdauern sie nicht einmal die Zeitspanne einer Generation. Es gibt dafür vielfältige Gründe. Es ist auch eine Frage des gestiegenen Umweltbewußtseins, ob wir mit dieser Wegwerfmentalität weiterleben wollen und können."

Durch unser Kaufverhalten bestimmen wir, was in den Läden und Supermärkten angeboten wird. Trauben, Erdbeeren, Spargel, um nur ein paar Beispiele zu nennen, stehen bei uns mittlerweile das ganze Jahr über zur Verfügung. Diese Früchte werden aber, wenn sie nicht im Lande selbst geerntet werden, über Tausende von Kilometern, d. h. äußerst energieaufwendig, herbeitransportiert. Nur wenige Menschen machen sich anscheinend darüber Gedanken, wie sie durch den Genuß dieser Lebensmittel außerhalb der heimischen Saison die Umwelt schädigen. Laut Ernst Ulrich von Weizsäcker müßte es deshalb ein ökologisches Nahziel sein, die Treibstoffe für Flugzeuge und Schiffe so hoch zu besteuern wie für Autos. Als Fernziel müßte eine Verteuerung der Transportkosten stehen, um dadurch eine Internationalisierung der Umweltkosten zu erreichen.

Aber man braucht gar nicht an die Produkte aus fernen Ländern zu denken, wenn es um überflüssige Transporte geht. Ergibt es eigentlich Sinn, wenn innerhalb Europas so relativ voluminöse und qualitativ wie geschmacklich mehr oder weniger ähnliche Güter wie Bier oder Mineralwasser hin und her gekarrt werden? Auch hier kann der Käufer auf unnötigen Transport Einfluß nehmen, wenn er im Interesse eines geringeren Energieaufwandes Erzeugnisse kauft, die aus der näheren Umgebung stammen. Daß damit keineswegs Einbußen am allenthalben angestrebten gehobenen Lebensstil verbunden sein müssen, demonstriert ein fernsehbekannter bayerischer Gourmetkoch, der seine Küchenkunst ganz bewußt mit Produkten aus der heimischen Region gestaltet. Es ist erfreulich, wenn sozusagen auf höchstem (kulinarischen) Niveau bewiesen wird, daß Lebensmittel durchaus nicht vom anderen Ende der Welt herbeigeschafft werden müssen, um selbst verwöhntesten Ansprüchen zu genügen. Der erforderliche Wertewandel muß deshalb, damit er nicht zu einer neuen Variante des gängigen Umweltgeschwätzes wird, die Rückbesinnung auf bewährte einheimische Erzeugnisse und Gerichte beinhalten. Dies mag zwar alles im Effekt wie ein Plädoyer gegen den freien Welthandel klingen, aber aus ökologischen Gründen werden wir in Zukunft wahrscheinlich mehr als bisher dazu gezwungen sein, uns auf lokale und regionale Kreisläufe zu konzentrieren. Denn Freihandel ist kein Ziel an sich, sondern nur ein Mittel zum Ziel; deshalb sollte man sich mehr als je zuvor fragen, ob dieses Mittel den Menschen und ihrer natürlichen Umwelt nutzt oder schadet.

Die Sparsamkeit im Umgang mit Ressourcen, vor allem mit Wasser, muß wieder Priorität erhalten. Auch hier können wir von unseren Vorfahren lernen, die, da sie häufig unter Wasserknappheit litten, diesen lebenswichtigen Grundstoff fast wie etwas Heiliges betrachteten. Dadurch, daß Wasser heutzutage bei uns stets aus der Leitung strömt, wird ein Überfluß vorgetäuscht, der in Wirklichkeit immer weniger gegeben ist. Wahrscheinlich ist nur mit drastischen Preiserhöhungen ein Gesinnungswechsel zu erreichen. Wenn die Menschen nicht mit Appellen zur Vernunft zu bringen sind, dann muß dies eben über den Geldbeutel geschehen. Jeder mag dann selbst entscheiden, ob und wie er den Wasserverbrauch einschränkt — und damit entsprechend Geld spart. Möglichkeiten dafür gibt es viele, wenn man bedenkt, daß von den pro Kopf und Tag in Deutschland verbrauchten zirka 140 Litern nur etwa 6 Liter für Kochen und Trinken verwendet werden. Dazu kommt ein beträchtlicher indirekter Wasserverbrauch. So benötigt man beispielsweise für die Herstellung von einem Kilogramm Papier rund 64 Liter Wasser; um ein Glas Orangensaft zu produzieren, ist, wenn die Früchte dafür über Bewässerungslandwirtschaft gewonnen werden, das bis zu Tausendfache davon an Wasser aufzuwenden.

Der Mensch verursacht über den direkten Verbrauch hinaus einen mit ökologischen Folgen verbundenen indirekten Materialumsatz, von dem sich die meisten keine rechten Vorstellungen machen. Es ist deshalb wichtig, sich über die Größe des „ökologischen Rucksacks", der an jedweder Handlung und an jedem Produkt haftet, zunehmend Gedanken zu machen — und dann die entsprechenden Konsequenzen zu ziehen! Beim Wasser sollte man dies ganz besonders tun. Denn zu seiner Verfügungstellung werden obendrein noch beträchtliche Mengen an Energie und Chemikalien für notwendige Pump- und Reinigungsarbeiten verbraucht, vom Aufwand für Leitungs- und Behälterbau sowie Kläranlagen für Abwässer gar nicht zu reden. Es grenzt schon an absurdes Theater, daß zwar viele Mitbürger den Begriff Umweltschutz ständig im Munde führen, aber dort, wo sie wirklich in seinem Sinne tätig werden könnten, und der Wasserverbrauch ist ökologisch als außerordentlich heikel einzustufen, kläglich versagen. Es wird in Deutschland viel „quergedacht" und „hinterfragt", auf den naheliegenden Schluß, im Interesse der Umwelt Wasser zu sparen, scheint kaum jemand zu kommen. Daß dasselbe Spargebot auch für alle Formen von Energie gilt, sollte ebenfalls selbstverständlich werden.

Zu wenig ist bis jetzt klargeworden, daß der motorisierte Kraftverkehr — ohne ihn grundsätzlich verteufeln zu wollen — wohl mit der größte Umweltsünder ist. Wenn es überhaupt noch eines Beweises bedurft hätte, dann ist spätestens seit dem bundesweit berühmt gewordenen „Heilbronner Ozonversuch" vom Sommer 1994 evident, in welchem Ausmaß er zu den Umweltproblemen beiträgt. Selbst noch so sparsame und schadstoffarme Automodelle können daran auf Dauer allein nicht viel ändern.

„Das einzige, was wirklich weiterhelfen kann", so der Publizist Walther Wuttke, „ist ein ganz neues Verhältnis zum Automobil und zur Mobilität. Benz und Daimler haben ihre motorgetriebenen Gefährte schließlich nicht erfunden, um eben mal eine Kiste Bier im Supermarkt zu holen, sondern um größere Distanzen zu überwinden. Die Anzahl der täglichen Fahrten ließe sich bei entsprechender Organisation und mit Nachdenken sicherlich deutlich reduzieren . . . Die Gesellschaft braucht also ein neues Bewußtsein in Sachen Mobilität." Wie immer mehr Mitbürger beweisen, stellen in vielen Fällen Massenverkehrsmittel eine echte Alternative zur Benutzung des eigenen Autos dar. Auch das Fahrrad ist in den letzten Jahren zunehmend wieder zu Ehren gekommen. Dabei üben einige asiatische Entwicklungsländer gegenüber dem industrialisierten Norden eine Vorbildfunktion aus. Denn die Verkehrsprobleme in den urbanen Ballungsräumen der Dritten Welt können noch weniger als bei uns durch steigenden motorisierten Individualverkehr gelöst werden, und so ist dort das Fahrrad, sowohl für den Transport von Personen als auch Gütern, wichtiger denn je zuvor.

Neben dem stetig ausufernden Individualverkehr trägt, allen umweltschützerischen Lippenbekenntnissen zum Trotz, auch die Industrie ein gerüttelt Maß an Schuld an der Umweltmisere, und zwar aus vermeintlich ökonomischen, in Wirklichkeit lediglich kurzsichtigen Überlegungen. Der Volkswirtschaftler und Leiter des Instituts für Wirtschaft und Ökologie an der Hochschule St. Gallen, Hans Christoph Binswanger, führt hierzu als Beispiel die „Just-in-time-Methode" an. Damit reduzieren insbesondere Großbetriebe ihre Lagerhaltung, machen sich aber von einer ständigen, teils auf die Minute berechneten Zulieferung, die größtenteils über die Straße läuft, abhängig. Ähnliche, immer mehr Verkehr produzierende Wirkungen bedingt auch die geringer werdende Fertigungstiefe der einzelnen Betriebe. Diese umweltbelastenden Prozesse können laut Binswanger, der einer der wenigen Wirtschaftswissenschaftler mit deutlich formulierten ökologischen Zielvorgaben ist, nur durch eine Verteuerung von Transport und Energie aufgehalten werden.

Staat und Behörden gehen leider viel zu selten mit gutem Beispiel voran. Da werden etwa aus Gründen falsch verstandenen Wettbewerbs neben der Deutschen Bundespost Konkurrenzunternehmen zugelassen. Der Weg für die auszuliefernden Sendungen wird auf diese Weise nicht mehr von einem, sondern von mehreren Fahrzeugen abgefahren. Man stellt es zwar mediengerecht als ökologische Großtat heraus, wenn ein Ministerfahrzeug mit ein paar Litern aus Rapssamen gewonnenen Öls geschmiert wird, aber da, wo es wirklich um erhebliche Energiemengen geht, wird deren Verschwendung Vorschub geleistet. Auch hier triumphiert das Umweltgeschwätz über den Umweltschutz. Ins Bild paßt die Beobachtung von Binswanger, daß das Umweltbewußtsein der Unternehmer generell zunimmt, während das der Politiker in Rezessionsphasen eher zurückgeht.

Um der zunehmenden Übervölkerung und Zerstörung unseres Planeten Herr zu werden, bedarf es freilich nicht nur einer besseren Technik und unserer kritischen Selbstsicht. Diese hat, wie die menschliche Vernunft überhaupt, bekanntlich ihre Grenzen. Die Frage nach der Religiosität der Spezies Mensch, der Rückbindung an Gott, spielt eine größere Rolle, als dies in den Diskussionen deutlich wird. Die Gefahren unserer Tage liegen neben übersteigertem Konsum und ungezügeltem Hedonismus auch in jeglicher „Freiheit" von religiösen Fesseln. Viele unserer Sicht- und Verhaltensweisen sind zwar noch von dem geprägt, was Religion und Kirchen in Jahrhunderten bewirkt haben, jedoch verlieren diese ererbten und anerzogenen Verhaltensweisen an Einfluß. Die religiöse Rückbindung des einzelnen, wobei für die westliche Kultur das Christentum die maßgebliche Kraft ist, hat aber ganz prosaische, praktische Alltagsfolgen. Der religiöse Mensch wird, so er denn seine Rückbindung an Gott ernst nimmt, aus sich heraus das Richtige zu tun bestrebt sein, um die Schöpfung zu bewahren.

Den Religionen fällt somit die eminent wichtige Aufgabe zu, die Menschen auf dem Weg in den kulturellen Wertewandel unterstützend und richtungweisend zu begleiten. Im Schlußkapitel des „Club-of-Rome"-Berichts 1991 heißt es dazu: „Die globale Gesellschaft, auf die wir zusteuern, kann nur zustande kommen, wenn sie von moralischen und spirituellen Werten getragen und geordnet wird." Ganz im Sinne dieser Überzeugung spricht nach dem Religionssoziologen Franz-Xaver Kaufmann vieles dafür, „daß das moralische Programm der Aufklärung bei Abkoppelung von seinen religiösen Ursprüngen auf Dauer nicht tragfähig ist". Es ist eines von mehreren hoffnungsvollen Zeichen, daß kirchliche Arbeitskreise für Umwelt- und Dritte-Welt-Themen entstehen, die sich in ihren Bemühungen nicht primär auf Fragen der materiellen, sondern insbesondere der geistig-spirituellen Werte des Menschen konzentrieren.

Übertreibung der Gefahren ist
kein Mittel zu deren Abwendung

Manche Zeitgenossen sind der lautstark bekundeten
Ansicht, nur die übertriebene Darstellung der unserer Erde drohenden Gefahren könne die Menschheit
zur Umkehr auf den rechten ökologischen Pfad bewegen. Doch die von eifrig bemühten „Naturschützern" gezeichneten, durch eine auf schlechte Nachrichten fixierte Medienwelt zusätzlich aufgeblähten
Horrorszenarien lassen zwar vorübergehend aufhor-
chen. Tritt aber das angekündigte Unheil nicht sofort ein, verfallen die meisten Menschen schnell in
den alten Trott, ja fühlen sich in ihrer früheren Haltung nachgerade bestätigt. „Der deutsche Wald
stirbt jahrelang — kann er nicht einfach tot umfal-
len?" fragt sarkastisch ein Kabarettist, sichtlich von
der Sorge getrieben, daß einer Mehrheit der Bevölkerung der Zustand der Natur immer gleichgültiger
wird. Diese Gleichgültigkeit ist ohne Zweifel auch
die Folge einer jahrelangen übermäßigen und damit
für den Normalbürger nicht mehr nachvollziehbaren
„Elendsbeschreibung" der Umwelt im allgemeinen
und des Waldes im besonderen.

Mit Blick auf mögliche Klimaveränderungen ist
ein ähnlich nachlassendes Interesse zu beobachten.
Dies ist darauf zurückzuführen, daß die objektiv
meßbare Zunahme der Erwärmung der Erdatmo-

sphäre, der Treibhauseffekt, sowie die Vergrößerung des sogenannten Ozonlochs von allzu forschen Umweltschützern stets mit einer bald fühlbaren Klimakatastrophe größten Ausmaßes gleichgesetzt werden. Da aber diese Katastrophe, wenn überhaupt, sich nur sehr langsam, d. h. in für den Menschen nicht sichtbaren Schritten, vollziehen dürfte, glaubt selbst der ökologisch Aufmerksame irgendwann den Meldungen nicht mehr — und kehrt zur gewohnten umweltschädigenden Lebensform zurück. Denn, so John Maddox, „der Mensch wird durch Wiederholung eher abgestumpft, und der Weltbewegung kann trotz allem, was sie bisher erreicht hat, die Gefolgschaft gerade dann versagt werden, wenn sie besonders notwendig gebraucht wird — lediglich, weil man die Holzhammermethode leid ist".

Übertrieben werden auch die Risiken, die mit neuen Technologien, wie etwa der Gentechnik, verbunden sind. Durch diese Überzeichnung wird aber den Gefahrenabwieglern aller Couleur, die einem ungehemmten technischen Fortschritt und einer sorglosen Nutzung der Naturschätze das Wort reden, nachgerade zugearbeitet. Meistens werden nämlich von den Übertreibern und Angstmachern Verhaltensweisen gefordert, die eine Mehrheit der Bürger nicht mitträgt. Diese verkraften in der Regel nur soviel Utopie und Einschränkungen, wie ihnen selber nützt. Es ist deshalb vermehrt auf die Dinge hinzuweisen, die der einzelne als unmittelbare Folgen der Umweltkrise selbst erlebt: Lärm, verschmutzte Luft, Allergien, nicht einwandfreies Wasser etc. Man mag es zwar bedauern, aber den meisten Menschen geht es nicht in erster Linie um Umwelt und Dritte Welt, sondern um das eigene Wohlbefinden und um ein langes Leben.

Auf keinen Fall sollte mit den Hoffnungen und Ängsten der Menschen Mißbrauch getrieben werden, sei es aus noch so gutgemeinten ökologischen Gründen. Gerade in Deutschland scheint besondere Vorsicht geboten. Wie der amerikanische Historiker Gordon A. Craig, ein intimer Kenner der deutschen Geschichte, feststellt, ist die Affinität zur Angst, die Neigung, auf Krisensituationen — und seien es nur eingebildete oder selbsteingeredete — übernervös bis irrational zu reagieren, bei uns offensichtlich besonders verbreitet. Der Schweizer Schriftsteller Adolf Muschg sieht im deutschen Denken und Verhalten etwas Absolutes, das auf der einen Seite Überforderung und Selbstüberfrachtung zeitigt und, wenn sie umschlägt, Häme und Selbstverzweiflung mit sich bringt. Auch wenn man mit den Meinungen von Craig und Muschg nicht unbedingt übereinstimmt, so leitet sich daraus doch ein vorsichtigeres Umgehen mit den hier und anderwärts drohenden Gefahren ab.

Im Zeitalter der Kommunikation und Information sind dabei besonders die Medien angesprochen; sie tragen eine hohe Verantwortung. Grundfalsch muß etwas sein in einer Gesellschaft, in der alle Probleme im Kern nur als Kommunikationsprobleme angesehen werden. „Die Kommunikation ist alles zugleich: das Problem, seine Lösung und das Ganze des Systems", führt Mark Siemons ironisch aus. Da es aber echte Gefährdungen sind, die in Umwelt und Dritter Welt drohen, kann bloße Kommunikation nicht die Lösung bringen. Es gilt deshalb, sich nicht nur gegen den Konsumterror, sondern zunehmend gegen einen Kommunikationsterror zu wehren. Denn sonst werden alle Debatten zu Scheingefechten, zu nicht nur nutzlosem, sondern wegen der damit notwendigerweise einhergehenden Übertreibungen gefährlichem Umwelt- und Dritte-Welt-Geschwätz.

„Wenig spricht dafür", schrieb der bekannte Publizist Johannes Gross zum Überlebensproblem der Menschheit, „daß die Lichter gleich ausgehen. Aber sie flackern. Und daß, wo Gefahr ist, das Rettende wachse, wachse wie von selbst, hat nur der Dichter geglaubt." Weder romantische Utopien wie die einer Rückkehr zur unberührten Natur noch die Idee der bedingungslosen Technik kann die Umweltkrise in ihrer Ganzheit erfassen, geschweige denn lösen. Dazu ist nur der Mensch imstande, der, ohne in Selbstmitleid zu vergehen oder dem Machbarkeitswahn zu erliegen, die kommenden Jahrzehnte voller Konflikte und Katastrophen bewältigen will.

Bei allem technischen und sozialen Fortschritt, bei allem wirtschaftlichen Wachstum, die noch zu erwarten und im Hinblick auf die höher werdende Menschenzahl sogar bitter notwendig sind, müssen wir uns mehr denn je im klaren sein, daß die Qualität des Lebens nicht allein von der Arbeit der Wissenschaftler und Experten abhängt. Denn natürlich, so die Atomphysikerin Lise Meitner, „kann die Wissenschaft uns keine Richtlinien für unser Handeln als

Individuum und als Mitglied einer kleineren oder größeren Gemeinschaft geben. Aber sie kann in den Menschen Eigenschaften entwickeln, die ihn besser geeignet machen, sein Verhalten nach ethischen Grundsätzen zu orientieren. Die tiefe Freude an der reinen Erkenntnis kann ihm gewissermaßen größere und richtigere Maßstäbe gegenüber allem Geschehenen geben und ihn vor kleinlicher Einseitigkeit schützen."

Für diese Lebensqualität — das sollte beim Lesen des Bandes mit teilweise bewußt provokativer Sprachführung zum Ausdruck gekommen sein — muß deshalb jeder für dich allein und zugleich für das Ganze Verantwortung tragen. Nur so kann der Slogan „Eine Welt für alle" Sinn stiften und Wirkung entfalten, können Welthunger und Naturbewußtsein in Einklang gebracht werden.

Wer will schon unökologisch sein?

Nachwort Professor Dr. Robert Huber,
Nobelpreis für Chemie 1988

E. Haeckel definierte 1866 Ökologie als die Wissenschaft vom Naturhaushalt und den Wechselbeziehungen zwischen der belebten und unbelebten Welt. Haeckel hat nicht erahnen können, welche Bedeutung dieses Wort erlangen sollte, wie oft es gedruckt, gesprochen, gebraucht und mißbraucht werden sollte. Politiker, Vereine, Bünde bemächtigten sich des wehrlosen Wortes und verkünden mit dem Anspruch der Unfehlbarkeit, was ökologisch richtig sei. Die Ökologie wird als Schlagwort mißbraucht, um Gegner einzuschüchtern. Wer will schon unökologisch sein? Es wurde von Geschäftemachern zerstückelt und als Präfix vor -Partei, -Kühlschrank, -Brot und vieles andere gesetzt. Die deutsche Ökobewegung zeichnet sich dabei durch besondere Lautstärke und Besserwisserei aus, und die schon im Mittelalter in anderem Zusammenhang geäußerte Klage des Johannes von Salisbury „Wer hat die Deutschen zu Richtern über die Völker bestellt?" aus: „Die Deutschen als Ärgernis im Mittelalter" von Horst Fuhrmann gilt hier in besonderem Maße.

Über allem Lärm ist die ursprüngliche Bedeutung der Ökologie als Wissenschaft verlorengegangen, einer besonders schwierigen zumal. Das Studium der gegenseitigen Beeinflussung von Organismen, Populationen und der unbelebten Natur entzieht sich im allgemeinen der Nachbildung durch Modelle und der Analyse „in vitro". Gründliche Beobachtung der realen Welt und vorurteilsfreie Analyse nach Ursachen und Wirkungen sind erforderlich. Dies ist schwierig genug, aber noch schwieriger ist es, daraus Anweisungen für ökologisch richtiges Handeln abzuleiten. Jede Handlung hat unterschiedliche, oft gegensätzliche Auswirkungen auf Menschen, Tiere, Pflanzen und die unbelebte Natur. Einige wenige Beispiele seien genannt: Man mag Bedenken gegen Agrarchemie und moderne Pflanzenzüchtung mittels gentechnologischer Methoden haben, aber es gibt Hunger in weiten Teilen der Welt, der noch wachsen wird mit der Weltbevölkerung und deshalb die weitere Erschließung von landwirtschaftlich genutzten Flächen erfordert.

Man mag Gefahren in der Gentechnologie sehen, aber neue Seuchen bedrohen Mensch und Tier, die nur durch moderne, molekularbiologisch orientierte Medizin bekämpft werden können.

Man mag Tierversuche ablehnen, benötigt aber neue Medikamente, die gefahrlos angewendet werden können.

Man mag Atomenergie ablehnen, muß aber die steigenden Bedürfnisse der Menschheit nach Energie befriedigen, ohne fossile Brennstoffe einzusetzen.

Ideologiefreies Abwägen ist also gefordert, das leider in der veröffentlichten Meinung keinen angemessenen Raum findet. Um so mehr lesen und hören wir Horrormeldungen nach dem Motto: Bad news is good news. So werden die ungeheuren Probleme des Ökosystems Erde nur verschleiert. Dabei ist als einzelne Hauptursache die wachsende Weltbevölkerung auszumachen. Da die Probleme von Menschen verursacht sind, ergibt sich die Verpflichtung zu ökologischem Handeln. Die Zeit erscheint reif für eine Declaration of Human Duties (Rita Levi-Montalcini) für die belebte und unbelebte Natur als eine Formulierung dieser Pflicht, die ihren Platz gleichgewichtig neben der Declaration of Human Rights haben soll.

Konkretes politisches Handeln im ökologischen Bereich muß auf fundiertem Wissen beruhen, das sich nur durch Erfahrung und praktische Tätigkeit erwerben läßt. Die Autoren des Buches „Welthunger und Naturbewußtsein" W. Kreul und M. Weber sind Agrar- und Forstwissenschaftler, die über beides verfügen. Ihr Buch basiert auf langjähriger Tätigkeit im Ausland, der Konfrontation mit der dortigen realen Welt, der Arbeit mit den Bauern sowie der eigenen Erfahrung mit den lokalen Verwaltungen und der deutschen Entwicklungshilfebürokratie. Sie wissen um die wirklichen Probleme und haben sich darüber hinaus mit der umfangreichen Literatur zur Agrar- und Forstökologie auseinandergesetzt. Dieser Erfahrungsschatz und ihr fundiertes Wissen haben sich in dem Buch niedergeschlagen, das die vielen Facetten land- und forstwirtschaftlichen Handelns schildert und die Widersprüchlichkeiten der Rezepte aus der Küche der Öko-Ideologen offenlegt. Die Autoren beziehen engagiert Stellung und bedienen sich einer frischen, manchmal absichtlich provokanten Sprache; ein äußerst belehrendes und nie langweiliges Buch.

Literatur

Abel, W., Massenarmut und Hungerkrisen im vorindustriellen Europa. Versuch einer Synopsis, Hamburg und Berlin 1974.

Adam, K., Die Umwelt als Waffe. Wie die Dritte Welt die Erste zu erpressen sucht, in: Frankfurter Allgemeine Zeitung vom 15. August 1990.

Auernhammer, H., Satellitenortung in der Landwirtschaft?, in: TUM-Mitteilungen, H. 5, 1992/93, S. 14—16.

Bachofen, R., Snozzi, M., und Zürrer, H., Biomasse: so entsteht Bioenergie, München 1981.

Bauer, P. T., Entwicklungshilfe: Was steht auf dem Spiel?, Tübingen 1982.

Beck, U., Risikogesellschaft. Auf dem Weg in eine andere Moderne, Frankfurt am Main 1986.

Behrens, G., Das Ende des Traums vom Wirtschaftswunder. Trotz Demokratisierung verliert Südafrika für den Weltmarkt an Attraktivität, in: Süddeutsche Zeitung vom 10. Mai 1993.

Blanckenburg, P. von, und Cremer, H.-D., Handbuch der Landwirtschaft und Ernährung in den Entwicklungsländern. Band 2: Nahrung und Ernährung, Stuttgart 1983 (2. Auflage).

Blanckenburg, P. von, Welternährung: Gegenwartsprobleme und Strategien für die Zukunft, München 1986.

Braun, H.-G., Entwicklungshilfe ohne Geschenke, in: Entwicklung und Zusammenarbeit, H. 2, 1994, S. 40—41.

Bruenig, E. F., Die Bedrohung tropischer Wälder — Ursachen, Auswirkungen, Schutzkonzepte, in: Kieler Geographische Schriften, Bd. 73, 1989, S. 47—62.

Bruenig, E. F., Die Erhaltung, nachhaltige Vielfachnutzung und langfristige Entwicklung der Tropischen Immergrünen Feuchtwälder (Regenwälder). Arbeitsbericht der Bundesforschungsanstalt für Forst- und Holzwirtschaft, Hamburg 1989.

Bundesministerium für wirtschaftliche Zusammenarbeit und Entwicklung (BMZ), Journalisten-Handbuch Entwicklungspolitik 1994, Bonn 1993.

Burger, D., Der Hunger als wahrer Feind des Tropenwaldes?, in: entwicklung + ländlicher raum, H. 1, 1992, S. 3—6.

Burschel, P., Binder, F., und Weber, M., Stellungnahme zur Anhörung des Bayerischen Landtags am 5. Dezember 1991 zum Thema „Bilanz der Waldschäden und der Waldschadensforschung von 1983 bis 1991", München 1991.

Burschel, P., und Weber, M., Zur Bedeutung des Waldes in einer globalen Klimaschutzstrategie, in: Energiewirtschaftliche Tagesfragen, H. 9, 1992, S. 582—588.

Chandler, R. F., Rice in the Tropics: A Guide to the Development of National Programs, Boulder/Colorado 1979.

Clarke, R., Water: The International Crisis, Cambridge, Massachusetts 1993.

Dengler, A., Waldbau auf ökologischer Grundlage, Berlin 1930.

Der Bundesminister für Ernährung, Landwirtschaft und Forsten, Agrarbericht der Bundesregierung 1994, Bonn 1994.

Die deutschen Bischöfe, Bevölkerungswachstum und Entwicklungsförderung. Ein kirchlicher Beitrag zur Diskussion, Bonn 1993.

Enquete-Kommission „Vorsorge zum Schutz der Erdatmosphäre" des 11. Deutschen Bundestages: Schutz der tropischen Wälder (2. Bericht), Bonn 1990.

Enzensberger, H. M., Die Große Wanderung. Dreiunddreißig Markierungen, Frankfurt 1992.

Fischbeck, G., Herbizidresistenz und Gentechnik. Entwicklungsmöglichkeiten und deren Auswirkungen, in: Politische Studien, H. 332, 1993, S. 82—88.

Food and Agriculture Organization of the United Nations, FAO Yearbook Production, Rom (verschiedene Jahrgänge).

Gepperth, R., Das Scheitern der Demokratie in Afrika. Wem der Herr ein Amt gibt, dem gibt er auch die Möglichkeit, sich zu bereichern, in: Neue Epoche, H. 126, 1993, S. 66—68.

Gerstl, E., Unter einem Hut. Essays und Gedichte, Wien 1993.

Gross, J., Unsere letzten Jahre: Fragmente aus Deutschland 1970-1980, Frankfurt/Main, Berlin und Wien 1982.

Hatzfeld, H. (Hrsg.), Ökologische Waldwirtschaft — Grundlagen — Aspekte — Beispiele, Heidelberg 1994.

Haubold, E., Auf der Suche nach dem „Super-Reis", in: Frankfurter Allgemeine Zeitung vom 21. Juli 1992.

Hawkes, J. G., The Potato. Evolution, Biodiversity and Genetic Resources, London 1990.

Heierli, U., Environmental Limits To Motorisation. Non-motorised Transport in Developed and Developing Countries, St. Gallen 1993.

Jasiorowski, H., European Animal Husbandry — A Model To Adopt or Reject By Developing Countries?, FAO, Rom 1990.

Jünger, F. G., Die Perfektion der Technik, Frankfurt am Main 1980 (6. Auflage).

Kaltenbrunner, G.-K., Wege der Weltbewahrung. Sieben konservative Gedankengänge, Asendorf 1985.

Kamphaus, F., Verlaßt die Luxusdampfer der Lieblosigkeit!, in: Rheinischer Merkur vom 27. Mai 1994.

Kauppi, P. E., Mielikäinen, K., and Kuusela, K., Biomass and Carbon budget of European forests 1971 to 1990, in: Science, Vol. 256, 1992, S. 70 — 74.

Kerner, C., Lise, Atomphysikerin. Die Lebensgeschichte der Lise Meitner. Weinheim und Basel 1991 (7. Auflage).

Kohlhammer, S., Leben wir auf Kosten der Dritten Welt? Über moralische Erpressung und Edle Seelen, in: Merkur, H. 9/10, 1992, S. 876 — 898.

Kohlhammer, S., Auf Kosten der Dritten Welt?, Göttingen 1993.

Krägenow, T., Ablaß für die Sünder, in: Die Zeit vom 14. Januar 1994.

Kremers, H., Erinnerung an die Werte des Westens. Das koloniale Erbe läßt sich nicht ausschlagen, in: Lutherische Monatshefte, H. 2, 1991, S. 61 — 64.

Kreul, W., Rice — The Most Important Food Crop for Developing Countries. Illustrated on Sierra Leone, in: Quarterly Journal of International Agriculture, H. 2, 1983, S. 149 — 162.

Kreul, W., Sind die Industrieländer des Nordens die alleinigen Umweltsünder?, in: Land, Agrarwirtschaft und Gesellschaft, H. 1, 1993, S. 111 — 120.

Kreul, W., und Hoffmann, H., Alternative Milchviehproduktion. Mehrarbeit schwer zu entgelten, in: Bayerisches Landwirtschaftliches Wochenblatt, H. 13, 1992, S. 68 — 69.

Kreul, W., und Trognitz, B., Entwicklungstendenzen im Kartoffelanbau in der Dritten Welt, in: Kartoffelbau, H. 10, 1993, S. 416 — 419.

Kromka, F., Die Landwirtschaft als Produzent von Selbständigkeit und Selbstverantwortung, in: Berichte über Landwirtschaft, H. 2, 1992, S. 174 — 183.

Kromka, F., Das grüne Denken der Väter der Sozialen Marktwirtschaft, in: Zeitschrift für Politik, H. 3, 1992, S. 264 — 285.

Kromka, F., und Kreul, W., Unternehmen Entwicklungshilfe. Samariterdienst oder die Verwaltung des Elends?, Zürich und Osnabrück 1993 (2. Auflage).

Kürsten, E., und Burschel, P., Energieplantagen und Treibhauseffekt, in: Holz-Zentralblatt, H. 123, 1991, S. 1953 — 1954 und H. 127, 1991, S. 2010 — 2012.

Lampe, K., „Unser täglich Brot . . .“ — morgen? Ernährungssicherheit vor dem Hintergrund der ökologischen und entwicklungspolitischen Herausforderung, in: Neue Zürcher Zeitung vom 29. Juni 1994.

Lohmann, M., Armut treibt zum Kinderreichtum, in: Rheinischer Merkur vom 14. Januar 1994.

Lucius, R. von, Kann nicht leben und nicht sterben. Die Anti-Apartheid-Bewegung nach dem Ende der Apartheid, in: Frankfurter Allgemeine Zeitung vom 30. April 1994.

Lübbe, H., Naturmoral, in: Texte + Thesen + Visionen. Experten im Dialog mit der Gegenwart. Zürich und Osnabrück 1992, S. 281—287.

Maddox, J., Unsere Zukunft hat Zukunft — Der Jüngste Tag findet nicht statt, Stuttgart 1973.

Matthews, R. B., Kropff, M. J., and Bachelet, D., Climate Change and Rice Production in Asia, in: entwicklung + ländlicher raum, H. 1, 1994, S. 16—19.

Mohler, A., Wider die All-Gemeinheiten oder das Besondere ist das Wirkliche, Krefeld 1981.

Natorp, K., Mehr Menschen, mehr Schäden, in: Frankfurter Allgemeine Zeitung vom 9. Juli 1990.

Natorp, K., Ist nur der Norden schuld?, in: Frankfurter Allgemeine Zeitung vom 15. September 1993.

Natorp, K., Auf die Frauen kommt es an, in: Frankfurter Allgemeine Zeitung vom 17. August 1994.

Ortlieb, H.-D., und Lösch, D., Was wird aus Südafrika? Ein Subkontinent sucht den lenkbaren Wandel, Zürich und Osnabrück 1987 (3. Auflage).

Ortlieb, H.-D., Reform der Weltwirtschaftsordnung. Das Dilemma des Westens, in: Mut, H. 235, 1987, S. 24—33.

Pongratz, H., Die Bauern und der ökologische Diskurs: Befunde und Thesen zum Umweltbewußtsein in der bundesdeutschen Landwirtschaft, München und Wien 1992.

Ramthun, C., Joghurtbecher wie Erdöl verheizen, in: Rheinischer Merkur vom 11. Februar 1994.

Rath, D., und Gädeken, D., Milchproduktion beeinflußt das Weltklima, in: Der Tierzüchter, H. 3, 1991, S. 103—105.

Rayner, S., and Richards, K., in: Climate Change — Policy Instruments and their Implications, Proceedings of the Tsukuba Workshop of IPCC Working Group II, 1994, S. 273—290.

Reich-Ranicki, M., Die Liebe wird nicht müde, sie höret nimmer auf, in: Frankfurter Allgemeine Zeitung vom 4. Oktober 1988.

Reinhardt, H.-L., Aufgaben und Wirtschaftlichkeit der Nutzviehhaltung im Wandlungsprozeß, in: Bayerisches Landwirtschaftliches Jahrbuch, Sonderh. 1, 1974, S. 3 — 152.

Revel, J.-F., Die Herrschaft der Lüge. Wie Medien und Politiker die Öffentlichkeit manipulieren, Wien und Darmstadt 1990.

Röpke, W., Maß und Mitte, Bern und Stuttgart 1979 (2. Auflage).

Rufin, J.-C., Das Reich und die neuen Barbaren, Berlin 1993.

Schoeck, H., Die 12 Irrtümer unseres Jahrhunderts, München und Berlin 1985 (3. Auflage).

Siemons, M., In tausend Zungen schweigen. Warten auf ein neues Pfingstwunder: Ist ein Ausstieg aus der Kommunikationsgesellschaft möglich?, in: Frankfurter Allgemeine Zeitung vom 21. Mai 1994.

Sperber, M., Sein letztes Jahr, München 1985.

Stephan, C., Der Betroffenheitskult. Eine politische Sittengeschichte, Berlin 1993.

Technische Universität München, Lehrstuhl für Pflanzenbau und Pflanzenzüchtung, Fragen und Antworten zum Freilandversuch der TU München-Weihenstephan auf der Versuchsstation Roggenstein, Freising-Weihenstephan 1993.

Theisen, H., Wozu Gentechnologie?, in: Mut, H. 310, 1993, S. 74 — 79.

Thiel, R. E., Zur Ökonomie der Armutsbekämpfung, in: Entwicklung und Zusammenarbeit, H. 2, 1994, S. 53 — 55.

Venzky, G., Abkehr vom heiligen Korn, in: Die Zeit vom 17. September 1993.

Weber, M., Biomasse — bewährteste Form der Solarenergienutzung, in: Schriftenreihe der Stiftung Wald in Not, Bd. 4, 1989, S. 29 — 31.

Weber, M., und Burschel, P., Wald und Holz als Kohlenstoffspeicher, in: Der Wald, H. 42, 1992, S. 148 — 151.

Weizsäcker, E. U. von, Wirklich ein Erfolg? Marrakesch und die ökologischen Folgen, in: Die Welt vom 19. April 1994.

Wendorff, R., Dritte Welt und westliche Zivilisation. Grundprobleme der Entwicklungspolitik, Opladen 1984.

Wippermann, K. W., Deutsche Intellektuelle — Virtuosen der Selbsttäuschung, in: Mut, H. 294, 1992, S. 10 — 17.

Woodham-Smith, C., The Great Hunger. Ireland 1845 — 1849, New York, Hagerstown, San Francisco und London 1962.

World Resources Institute and International Institute for Environment and Development (Hrsg.), Internationaler Umweltatlas. Jahrbuch der Weltressourcen, Landsberg und München 1988.

Wuttke, W., Lebenskiller Ozon. Der Heilbronner Versuch zeigt: Wir müssen unser Verhältnis zum Auto ändern, in: Rheinischer Merkur vom 1. Juli 1994.

TEXTE + THESEN

AUSWAHL LIEFERBARER TITEL

olitik/Zeitgeschehen

Lendvai, Paul
Das eigenwillige Ungarn
Von Kádár zu Grósz
ISBN 3-7201-5195-6
DM 14,-/ÖS 110,-/SFr 14,-

Löw, Konrad
Im heiligen Jahr der Vergebung
Wider Tabu und Verteufelung der Juden
ISBN 3-7201-5241-3
DM 14,-/ÖS 110,-/SFr 14,-

Lübbe, Hermann
Zwischen Trend und Tradition
Überfordert uns die Gegenwart?
ISBN 3-7201-5136-0
DM 14, /ÖS 110,-/SFr 14,-

Malunat, Bernd M.
Weltnatur und Staatenwelt
Gefahren unter dem Gesetz
der Ökonomie
ISBN 3-7201-5213-8
DM 14,-/ÖS 110,-/SFr 14,-

Mensing, Wilhelm
Nehmen oder Annehmen
Die verbotene KPD auf der Suche
nach politischer Teilhabe (Bd. 1)
ISBN 3-7201-5220-0
DM 14,-/ÖS 110,-/SFr 14,-

Mensing, Wilhelm
**Wir wollen unsere Kommunisten
wieder haben . . .**
Demokratische Starthilfen für
die Gründung der DKP (Bd. 2)
ISBN 3-7201-5221-9
DM 14,-/ÖS 110,-/SFr 14,-

Müller, Christian
Europa von der Befreiung zur Freiheit
Der Epochenwechsel aus Schweizer Sicht
ISBN 3-7201-5248-0
DM 14,-/ÖS 110,-/SFr 14,-

Nenning, Günther
Die Nation kommt wieder
Würde, Schrecken und Geltung
eines europäischen Begriffs
ISBN 3-7201-5231-6
DM 14,-/ÖS 110,-/SFr 14,-

Oberreuter, Heinrich
**Parteien — zwischen Nestwärme
und Funktionskälte**
ISBN 3-7201-5165-4
DM 14,-/ÖS 110,-/SFr 14,-

Oberreuter, Heinrich
Stimmungsdemokratie
Strömungen im politischen Bewußtsein
ISBN 3-7201-5205-7
DM 14,-/ÖS 110,-/SFr 14,-

Opitz, Peter J.
Gezeitenwechsel in China
Die Modernisierung der chinesischen
Außenpolitik
ISBN 3-7201-5238-3
DM 14,-/ÖS 110,-/SFr 14,-

Partsch, Karl Josef
Hoffen auf Menschenrechte
Rückbesinnung auf eine internationale
Entwicklung
ISBN 3-7201-5253-7
DM 22,-/ÖS 170,-/SFr 22,-

Rother, Werner
Die Seele und der Staat
ISBN 3-7201-5218-9
DM 14,-/ÖS 110,-/SFr 14,-

Rühle, Hans
Angriff auf die Volksseele
Über Pazifismus zum Weltfrieden?
ISBN 3-7201-5175-1
DM 14,-/ÖS 110,-/SFr 14,-

Scheuch, Ute und Erwin K.
China und Indien
Eine soziologische Landvermessung
ISBN 3-7201-5196-4
DM 14,-/ÖS 110,-/SFr 14,-

Schlosser, Günter
Briefe vom Kap
Ein Deutscher über seine Wahlheimat
Südafrika
ISBN 3-7201-5193-X
DM 14,-/ÖS 110,-/SFr 14,-

ʼirtschaft/Soziales

Baier, Horst
Ehrlichkeit im Sozialstaat
Gesundheit zwischen Medizin und
Manipulation
ISBN 3-7201-5207-3
DM 14,-/ÖS 110,-/SFr 14,-

Brinkhoff, K.-P./Ferchhoff, W.
Jugend und Sport
Eine offene Zweierbeziehung
ISBN 3-7201-5226-X
DM 14,-/ÖS 110,-/SFr 14,-

Burens, Peter-Claus
Stifter als Anstifter
Vom Nutzen privater Initiativen
ISBN 3-7201-5200-6
DM 14,-/ÖS 110,-/SFr 14,-

Fisch, Mascha M.
Zwischen Abenteuer und Frust
Frauen in ungewöhnlichen Berufen
ISBN 3-7201-5173-5
DM 14,-/ÖS 110,-/SFr 14,-

Grupe, Ommo
Sport als Kultur
ISBN 3-7201-5198-0
DM 14,-/ÖS 110,-/SFr 14,-

Haag, Herbert
Bewegungskultur und Freizeit
Vom Grundbedürfnis nach Sport
und Spiel
ISBN 3-7201-5188-3
DM 14,-/ÖS 110,-/SFr 14,-

Hammer, Felix
Antike Lebensregeln — neu bedacht
ISBN 3-7201-5224-3
DM 14,-/ÖS 110,-/SFr 14,-

Hofstätter, Peter R.
Bedingungen der Zufriedenheit
ISBN 3-7201-5192-1
DM 14,-/ÖS 110,-/SFr 14,-

Illies, Joachim
Theologie der Sexualität
Die zweifache Herkunft der Liebe
ISBN 3-7201-5135-2
DM 14,-/ÖS 110,-/SFr 14,-

Klages, Helmut
Wertedynamik
Über die Wandelbarkeit des
Selbstverständlichen
ISBN 3-7201-5212-X
DM 14,-/ÖS 110,-/SFr 14,-

Klages, Helmut
Häutungen der Demokratie
ISBN 3-7201-5246-4
DM 22,-/ÖS 170,-/SFr 22,-

Lenk, Hans
Eigenleistung
Plädoyer für eine positive
Leistungskultur
ISBN 3-7201-5164-6
DM 14,-/ÖS 110,-/SFr 14,-

Lenk, Hans
Die achte Kunst
Leistungssport — Breitensport
ISBN 3-7201-5176-X
DM 14,-/ÖS 110,-/SFr 14,-

Lenk, H./Pilz, G.
Das Prinzip Fairneß
ISBN 3-7201-5222-7
DM 14,-/ÖS 110,-/SFr 14,-

Meves, Christa
**Werden wir ein Volk von
Neurotikern?**
Antrieb — Charakter — Erziehung
ISBN 3-7201-5081-X
DM 14,-/ÖS 110,-/SFr 14,-

Noelle-Neumann, Elisabeth
Werden wir alle Proletarier?
Wertewandel in unserer Gesellschaft
ISBN 3-7201-5102-6
DM 12,-/ÖS 98,-/SFr 12,-

Wissen/Kultur

Geus, Theodor, Hrsg.
So weit Europa reicht
Beziehungen und Begegnungen
ISBN 3-7201-5254-5
DM 22,-/ÖS 170,-/SFr 22,-

Hügler, Elmar
Anstiftung zur Vorspiegelung wahrer Tatsachen
ISBN 3-7201-5256-1
DM 22,-/ÖS 170,-/SFr 22,-

Huter, Alois
Zur Ausbreitung von Vergnügung und Belehrung . . .
Fernsehen als Kulturwirklichkeit
ISBN 3-7201-5211-1
DM 14,-/ÖS 110,-/SFr 14,-

Kepplinger, Hans Mathias
Ereignismanagement
Wirklichkeit und Massenmedien
ISBN 3-7201-5247-2
DM 22,-/ÖS 170,-/SFr 22,-

Lübbe, Hermann
Zwischen Trend und Tradition
Überfordert uns die Gegenwart?
ISBN 3-7201-5136-0
DM 14,-/ÖS 110,-/SFr 14,-

Oberreuter, Heinrich
Übermacht der Medien
Erstickt die demokratische Kommunikation?
ISBN 3-7201-5144-1
DM 14,-/ÖS 110,-/SFr 14,-

Piel, Edgar
Wenn Dichter lügen . . .
Literatur als Menschenforschung
ISBN 3-7201-5208-1
DM 14,-/ÖS 110,-/SFr 14,-

Reuhl, Günter
Kulturgemeinschaften
Vom Kräfteverhältnis zwischen Ideen und Institutionen
ISBN 3-7201-5217-0
DM 14,-/ÖS 110,-/SFr 14,-

Reumann, Kurt
Lesefreuden und Lebenswelten
ISBN 3-7201-5244-8
DM 22,-/ÖS 170,-/SFr 22,-

Rüegg, Walter, Hrsg.
Konkurrenz der Kopfarbeiter
Universitäten können besser sein: Ein internationaler Vergleich
ISBN 3-7201-5182-4
DM 14,-/ÖS 110,-/SFr 14,-

Ruß-Mohl, Stephan
Der I-Faktor
Qualitätssicherung im amerikanischen Journalismus — Modell für Europa?
ISBN 3-7201-5260-X
DM 32,-/ÖS 245,-/SFr 32,-

Schult, Gerhard
Medienmanager oder Meinungsmacher?
Vom Verwalten zum Stimulieren
Das Beispiel: öffentlich-rechtlicher Rundfunk
ISBN 3-7201-5209-X
DM 14,-/ÖS 110,-/SFr 14,-

Seel, Wolfgang
Bildungs-Egoismus
Alle wollen mehr
ISBN 3-7201-5180-8
DM 14,-/ÖS 110,-/SFr 14,-

Zec, Peter
Informationsdesign
Die organisierte Kommunikation
ISBN 3-7201-5210-3
DM 14,-/ÖS 110,-/SFr 14,-

Die Reihe wird fortgesetzt. Fordern Sie Informationsmaterial an.

Verlag A. Fromm, Postfach 19 48, D—49009 Osnabrück
Edition Interfrom, Postfach 50 05, CH—8022 Zürich